# ESTUDIOS SOBRE RELACIONES DE AMISTAD EN CUBA.


**Yorkys Santana González**

**María del Pilar Soteras del Toro.**

*Profesores de Psicología.*

*Universidad de Oriente.*

*Santiago de Cuba.*

*Cuba*



Editorial LULU.

ESPAÑA 2007

ISBN: 978-1-8479-9314-4

# ÍNDICE.

# Introducción.



En la vida del ser humano las relaciones interpersonales han sido el vínculo directo para lograr la mejor adaptación al medio ambiente, desarrollando habilidades, perfiles de orientación, acciones individuales y grupales, así como permitiendo que el hombre y la mujer se acondicionen al sistema de vida existente en cada etapa de su desarrollo evolutivo e histórico social.

En algunas sociedades el sistema educacional tiene entre sus objetivos educativos el establecimiento de relaciones interpersonales adecuadas, fraternales, de cooperación bajo el paradigma de atención al prójimo, esmero con el amigo, el cuidado de los valores positivos que se generan y atención al ser humano, lo cual propicia la necesidad de incrementar el desarrollo de las relaciones de amistad que pueden considerarse movilizadoras de acciones en conjunto, influyentes en el estilo de vida de las personas y modificadoras de su conducta a favor del cumplimiento de determinadas normas y leyes sociales. Como ejemplo de sociedad que persigue estos objetivos está Cuba[1].

En el proceso de interacción social de los seres humanos, surgen "las relaciones de amistad, que se erigen sobre la base del intercambio de afectos, emociones, valores, vivencias, ideas, creencias, motivos, necesidades, experiencias y opiniones"[2].

En la sociedad cubana las relaciones de amistad constituyen un valor que se educa desde la familia y los niveles primarios en el Sistema de Educación Nacional, incorporándose de esta forma un conjunto de conceptos y paradigmas que permiten la preparación de niños y adolescentes para el establecimiento de relaciones interpersonales basadas en el intercambio, la comprensión y la apertura

---

[1] Santana, Yorkys; Silot, Digno; Del Pilar Soteras, María y Schneider, Barry. *Concepción de amigos: Expectación de la amistad de adolescentes jóvenes en Cuba y Canadá.* Journal Cross-Cultural Psychology 2001. pp. 12-21

[2] Schneider, Barry; Xinyin, Chen and Doran C. French. *Peer Relationship in Cultural Context* In Cambridge Studies i n Social and Emocional Development Cambridge Universitiy Press, 2006. ISBN 13 978-0-521-84207-5.

a los demás, lo cual contribuye al logro de una socialización adecuada[3].

Acerca de este tema se han realizado en el mundo diferentes investigaciones[4] las cuales muestran la importancia de las relaciones de amistad. Algunos autores describen "las características de la amistad a lo largo de la vida pero con una mirada periférica del asunto, no profundizan en las funciones que en las determinadas etapas evolutivas cumple la amistad"[5]; otros plantean que "las relaciones de amistad propician un desarrollo afectivo, intelectual y social de los niños y adolescentes, debido a que les permiten adaptarse mejor al medio"[6]; para otros "el grupo de amigos sirve para canalizar la protesta y el rechazo de las normas impuestas por los padres y la sociedad en general; en este sentido es conveniente que estos últimos, adopten una posición tolerante y de respeto ante este hecho, puesto que la amistad es una oportunidad para los adolescentes de expresarse con libertad"[7]; también podemos encontrar los trabajos realizados por **Schneider**[8] **Coleman**[9], **Condon** and **Crano**[10], **Cooper** and **López**[11], **Magdalena**

---

[3] Fabelo Corso, José Ramón. *Los valores y sus desafíos actuales*. Editorial José Martí. La Habana, Cuba. 2003. pp. 30-33.

[4] Ver investigaciones de: Schneider Barry and Ada Fonzi. *A cross-cultural exploration of the stability of children's friendship and the predictors of their continuation*. Ed. Blakwell Publisher, Canada, 1997; Ortiz Alcalde, Natalia. *La amistad*. Editorial GIBRALFARO. Revista de Ciencias Humanas. Año I. Número 10. Junio de 2003. pp. 36-39; Smith, H. *The friendship in adolescents*. En Journal Adolescents Development, No. 52, 321-332. Boston. EUA. 1995. pp. 324-326; Maisonneuve, J. *The better friendships of students*. In Journal of Personality and Social Psychology # 46. 1996. pp. 189-197; Allan, G. H. *A Sociology of friendship and kinship*. London, George Allen and Unwin. 1979. pp.234-237; Allan, G. H. *Friendship: Developping a social perspective*. London, Harversten Neatsheaf. 1989. pp.56-67 ; Bidart, C. *Les semblables, les amis et les autres: sociabilité et amitié*, Tesis Doctoral, Marseille EHESS, 1993. pp.76-79; Requena Santos, Felix. *La amistad como un sistema de apoyo social*.Revista Crítica No. 918.Septiembre-Octubre 2004 ; u otros.

[5] Selman, R.L. *The child as a friends hip philosopher*. En S.R.Asher y J.M.Gottman (Eds.), *The development of friendships* (pp.242-272). Nueva York: Cambridge University Press. 1981.

[6] Remplein, H. *Tratado de Psicología Evolutiva*. Editorial, Labor. Barcelona. España. 1991. p. 129.

[7] Ortiz Alcaide, Natalia. *Relaciones de Amistad*. Editorial Gibralfaro. Revista de Ciencias Humanas. Año I. Número 10. Junio de 2003. pp. 11-15

[8] Schneider, Barry et all. *Relations Cousnseling across Cultures: Cultural Sentsitivity and Beyond*. In Multiculturalism as a fourth force. Editorial In P. Pedersen, Washington D.C. 1999.

[9] Coleman, J. *Friendship and the Peer Group in Adolescence*. In J. Adelson. Ed. Handbook of adolescent. New York: Wiley, 1980. pp.13-24.

[10] Condon, J.W, y Crano, W.D. *Inferred evaluation and the relation between sttitude similarity and interpersonal attraction*: Journal of Personality and Social Psychology. 54. 1998

[11] Cooper and Ayer López. *The father in relationship of adolescence's friendship*. (Boston Library Editorial, EUA). 1993. pp. 1-7.

**Mellado**[12], **Beverly Fehr**[13], **Field, Tiffany** and **Claudia Hong**[14], **Maisonneuve**[15] u otros.

Las relaciones de amistad se han pensado como un ideal que representa la magnificidad (intimidad, reciprocidad, compañía, virtuosidad de sus miembros) de las interacciones que a nivel grupal y social se manifiestan en determinados contextos, pero la realidad vivida y expresada en los estudios realizados en las últimas décadas[16] refieren la emergencia de una nueva concepción que trabaje esta categoría en su expresión a nivel de conformación y desarrollo; en Cuba, a partir de los cambios generados por la crisis económica y su paulatina recuperación, se están manifestando en este tipo de vínculo, lo que amerita reestructar su conformación teórica en correlación con la praxis.

Los autores revisados expresan la importancia de la amistad en las relaciones humanas, a pesar de lo cual existe un conjunto de contradicciones que obligan a profundizar su estudio, veámoslo a continuación[17].

■ Las relaciones de amistad se han estudiado sobre la base de generar determinados afectos recíprocos que ameritan la posibilidad de intercambiar con los aspectos formales y estructurales de un sujeto eminentemente capaz y virtuoso y por ende se olvida un tanto, al sujeto real, con sus defectos, sus virtudes, sus posibilidades de cambio y de ejecución de la conformación en la relación de amistad que desea constituir y que le produzca satisfacción; así como el manejo de posibilidades de desarrollo de su consciencia crítica en la cotidianidad en que vive.

---

[12] De Mellado, Magdalena R. *El valor de la amistad.* En: http://www.psicoactiva.com. 1999

[13] Fehr, Beverley. *The life cycle of friendship.* Hendrick, Clyde (Ed); Hendrick, Susan S (Ed); et al. Close relationships: A sourcebook. Thusand Oaks, CA, US: Sage Publications, Inc. XXIII. 2000.

[14] Field, Tiffany and Hong, Caludia. *Adolescent's Intimacy with Parents and Friends.* Adolescence, Vol 30 No 117. Libra Publisher, Inc 3089c. San Diego. 1995.

[15] Maisonneuve, J. *The better friendships of students.* (Boston Library Editorial. EUA) 1996. pp. 1-12.

[16] Ver las investigaciones señaladas en las notas al pie 1, 2 y 14. También se han realizado tesis en Opción al Grado de Licenciado en Psicología en las Universidades de la Habana, Santa Clara y Oriente, con 9 tesis que trabajan estas temáticas como eje central de sus investigaciones.

[17] Ver: Santana, Yorkys. *Las relaciones de amistad como mediación del autodesarrollo comunitario.* Tesis en Opción al grado de Master en Desarrollo Comunitario. Universidad Central "Martha Abreu" de las Villas. Santa Clara, Cuba. Marzo 2007. pp. 3-5.

- Los autores[18] que hasta el momento han estudiado estas relaciones detallan las características de la amistad durante el desarrollo evolutivo, pero carecen de una mirada profunda hacia el interior de la relación, limitándose a describir el fenómeno y no la esencia misma, es decir hacia la posibilidad real de incorporar representaciones propias y diferentes, por parte de los sujetos activos en su transformación social.

- Las amistad es un valor y un sentimiento que ha tenido una prioridad significativa en la sociedad cubana, el cual se ha venido educando desde los agentes socializadores primarios como la familia y la escuela, hasta los grupos informales y organizaciones laborales, aunque en los últimos años ese valor ha perdido esta importancia, siendo relegado a un segundo plano por el amiguismo, la unión por valor material, más que por aceptación desinteresada, y la satisfacción de las necesidades materiales a desmérito y subvaloración de este valor, apoyados por el incremento de cambios que se han generado en nuestra sociedad.

- En las relaciones de amistad el conflicto es uno de los epistemas que constituyen un eje de desarrollo de este tipo de relación y que condiciona la calidad de la misma a favor de generar el reconocimiento y aceptación de las diferencias individuales en los sujetos que forman y conforman las relaciones de amistad, sin embargo en los estudios que sobre estos vínculos se realizan se subvalora el papel del conflicto en el desempeño de las relaciones y su capacidad para generar una dialéctica que propicie el desarrollo de los sujetos y de la relación que está contenida en sí.

- Las relaciones de amistad se han considerado cómo un valor y un sentimiento, que no son cuestionadas al interno de las relaciones interpersonales en nuestra sociedad y en ellas se depositan varios malestares producto a las condiciones actuales de su formación y desarrollo, apreciándose en manifestaciones superficiales, triviales y enajenadoras entre los miembros de ésta, las cuales son promovidas en este mundo globalizado (aquí hacemos referencia a las incorrectas manifestaciones de amistad por el chat, correo electrónico, a partir de las condiciones de poder y tener que existen en determinados individuos, la apertura a valorar la cantidad, por la calidad, u otras...), generando el deterioro de la esencia emancipadora de esta relación, afectando los niveles de su expresión, individual y grupal en los vínculos que se generan en nuestras comunidades. Es decir, relaciones de seudoamistad. Pero a criterio de los autores aún no se ha trabajado

---

[18] Ver: Vergel Expósito, Ammi Elim. *La influencia de la amistad en la formación de cualidades morales en escolares de 9 a 10 años.* Tesis en opción al grado de Licenciada en Psicología. Universidad Central "Martha Abreu" de las Villas. Junio, 2005. pp 2-7.

con énfasis en estas problemáticas en nuestro país y específicamente en los grupos de amigos.

■ En la labor comunitaria la cooperación y la participación constituyen dos modos de actuación que determinan en gran medida el autodesarrollo comunitario, en el cual, el desarrollo de los afectos aceleraría la efectividad de estos procesos a favor de una mayor implicación y consciencia crítica y es aquí que las relaciones de amistad como potenciadoras de esos afectos contribuiría desde su mediación al proceso. Debido a que ellas constituyen bases para el desarrollo adecuado de los seres humanos, ya que propician el intercambio continuo de intereses, valores, afectos, formas de actuar y pensar, en tanto, se considera al grupo de compañeros y amigos como fuente de afecto, simpatía, comprensión y punto de apoyo para lograr la autonomía e independencia emancipada y para enfrentar las nuevas experiencias en la cotidianidad. Pues el valor amistad aún queda delegado a segundos planos en la necesidad de la formación de valores de la nueva generación[19].

Leer estas contradicciones pueden generar preguntas tales cómo: ¿cómo lograr construir conocimientos que permitan ser más científicos, humanistas, emancipadores y al mismo tiempo sistemáticos en el estudio de las relaciones de amistad?, ¿cómo han sido caracterizadas, manejadas, evaluadas, pronosticadas y recomendadas las relaciones de amistad hasta el momento?, ¿cómo se desarrollan las relaciones de amistad en Cuba?, ¿cómo podemos potenciar las relaciones de amistad en los grupos de adolescentes?, ¿qué importancia tienen las relaciones de amistad para el desarrollo de los valores y las habilidades sociales?, ¿cómo lograr disminuir la agresividad a partir de potenciar las relaciones de amistad?, ¿cómo crear espacios para reflexionar sobre las relaciones de amistad?, ¿qué importancia tienen las relaciones de amistad en los niveles individual, grupal y social?.

Estas y muchas otras preguntas constituyen los ejes que guían este libro y que permitirá a los lectores apropiarse de respuestas necesarias para cualquier labor social que se quiera realizar desde la Psicología, Sociología, Antropología, Pedagogía, Filosofía, Trabajo Social, así como a los profesionales o personas que laboran con grupos determinados y que pretenden realizar cambios sustanciales en los mismos. "Ya que como podemos apreciar las condiciones que la vida contemporánea nos imponen –el vertiginoso suceder cotidiano, de los

---

[19] Fabelo Corso, José Ramón. *Los valores y sus desafíos actuales*. Editorial José Martí. La Habana, Cuba. 2003. pp. 50-55.

procesos enajenantes- ha constreñido y limitado esta condición y valor humano: la amistad"[20]

Ahora bien los estudios que hasta el momento se han realizado han mostrado las relaciones de amistad asociadas generalmente a alguna temática social específica, es decir, estas relaciones de amistad valoradas sólo como complementarias o secundarias y no ella misma en su esencia. Sin embargo nuestras investigaciones han tenido como centro de sus estudios esta categoría y es por eso que en este libro usted podrá encontrar los trabajos que hemos venido desarrollando desde hace más de ocho años, cuando los autores se vieron implicados en la necesidad de investigar este tipo de relación.

Es entonces que se precisa estudiar las relaciones de amistad desde una complejidad que ubique al sujeto como emancipado y no como enajenado en su realidad y por tanto se convierta en crítico de la misma y no en un reproductor de las condiciones que se les presenta continuamente y que le generan malestares, que en múltiples ocasiones no es capaz ni de asimilar y menos aún comprender.

Nuestra intención no es mostrarle un libro con la mayor dificultad para descifrar su contenido científico, por el contrario hemos utilizado un leguaje ameno, comprensible y al mismo tiempo muy profesional, con la perspectiva que se convierta en una herramienta para el trabajo cotidiano, donde los lectores tendrán la posibilidad de incorporar conocimiento sobre la definición del concepto de amistad, la expresión de las relaciones de amistad en los adolescentes cubanos; su nexo con los valores y habilidades sociales. Las críticas que hacemos sobre los estudios que se han realizados a esta categoría desde las perspectivas filosóficas, sociológicas y psicológicas en la literatura científica, las manifestaciones de las relaciones de amistad y su posibilidad o no de desarrollarse entre jóvenes universitarios cubanos heterosexuales y homosexuales; el desarrollo y aplicación de técnicas y sesiones de trabajo para disminuir la agresividad de los adolescentes a través de la potenciación de las relaciones de amistad; las relaciones de amistad como mediación del autodesarrollo comunitario; herramientas para lograr potenciar las relaciones de amistad y el conocimiento de la historia a través de la actividad lúdica de los niños de enseñanza primaria; así como un conjunto de vías que abren el espacio para la reflexión sobre la importancia de continuar esta labor en otros contextos socioculturales.

---

[20] Romero Graciela. *"La amistad como valor"*. En: http://www.cucea.udg.mx/noticias/nota_comp.php?id=193 2004.

Existen varias universidades que han generado grupos de investigación para el estudio de este tema, al tiempo que se han implementado nuevas asignaturas como "Sociología de la Amistad" "Psicología de las Relaciones Interpersonales y de Amistad", que nos muestran un acercamiento hacia la  necesidad de rescatar en las nuevas generaciones ese valor que ha sido, es y será de gran apoyo para nuestra creciente ansiedad-soledad y para el encantamiento de nuestras aguerridas luchas por el bienestar cotidiano y por salvar un poco más nuestra humanidad.

Por tanto creemos que  ya es tiempo de: "… hacer camino al andar…" entonces pues… echemos a andar…

# Capítulo I.

## Marco teórico y metodológico del concepto de amistad.

**Yorkys Santana González.**

*Profesor de Psicología, Universidad de Oriente, Santiago de Cuba, Cuba.*

**María del Pilar Soteras del Toro.**

*Profesora de Psicología, Universidad de Oriente, Santiago de Cuba, Cuba.*

A partir del uso lingüístico se han formulado varias y complicadas interpretaciones de la amistad. En las lenguas de origen germánico, amigo-amistad, *Freundschaft,* se distinguen de amor-amar-amante, *Liebe-n-d.* En las lenguas de origen latino, amigo-amistad se remontan al verbo único latino *amare.* "Uno y otro proceden de amar"[21]. El latín clásico, además de *libido,* usa *amor* para expresar la unión erótico-afectiva entre padres, *y dilectio* para indicar la relación explícitamente elegida. En griego, *eromai y eros* connotan la unión erótica, *stergo* la adhesión afectiva familiar, *agapao* la acogida de predilección y p*hileophilia* el quererse recíprocamente por lo que se es como personas. En la lengua hebrea, *ágab* expresa el fuego de la pasión erótica, *'úhab* el amor como tal, *ráham* el sentirse perdonado y *réa'* indica la idea de amistad o parentesco.

Podemos decir que, el griego clásico, el hebreo y el griego bíblico distinguen lingüísticamente amistad de amor, el término philia expresa la relación interhumana, secular, autónoma respecto al *eros* humano y divino. Los términos *rea y philia* bíblicos indican la relación interpersonal humano-divina cristológica. La *amicitia* latina, al no distinguir semánticamente entre amistad y amor, tiene el peligro de reducir y mezclar el amor erótico con la amistad y la predilección teológico-cristiana. Lo que ha indicado etimológicamente que esta se deriva de la palabra del bajo latín amicitia, y ésta del vocablo latino amicus, que viene, a su vez, del latín amor. Determinando desde la lingüística la diferencia, no esclarecida entre las relaciones de amor y de amistad, lo que se manifiesta en los límites difusos, que serán tratados en este epígrafe, para delimitar su estudio.

---

[21] Cicerón, Marco Tulio, *De amicitia* 27,212.

Al revisar la literatura sobre relaciones de amistad podemos apreciar que desde la antigüedad[22] la amistad ha sido un concepto que ha tenido múltiples definiciones, tal es el caso de Aristóteles que la define como "amistad no es sólo una virtud, sino una relación por la cual la gente aprende a ser buena, una actividad en la que somos entrenados y practicamos todas las virtudes, aprendiendo así a ser virtuosos. Compartiendo el tiempo con personas que son buenas, encontramos el bien en nosotros mismos", definiendo una topología sobre la amistad de utilidad, de placer y de virtud. La amistad de utilidad son aquellas que se basan únicamente en nuestra propia necesidad, donde se comparte una amistad hasta que son útiles para sí mismos, y es por ello que no dura mucho. La amistad de placer es basada en la cantidad de placer que se recibe de la amistad y por tanto desaparece cuando deja de existir el placer y la amistad de virtud es una relación entre personas, que consisten en desearse el bien y ser afectuosos el uno con el otro. Pueden ser útiles y pueden obtener placer de la amistad, aunque estas no son las características principales de la amistad.

Por esta misma arista de pensamiento se mueven las ideas de **Cicerón**[23] cuando plantea que "...amigo es la persona a las que mueven idénticas cosas a uno mismo, el que mira a un amigo verdadero es como si apreciara su propia imagen".

No compartimos estos criterios debido a que los autores utilizan este término en función de designar relaciones de amistad ideales, basadas en la virtuosidad del sujeto, obviando la propia variedad de conformación y desarrollo de la relación, sus contradicciones, la capacidad transformadora y activa del sujeto en función de la creación y satisfacción en su relación para con el amigo.

Más delante en la época medieval, **Santo Tomás de Aquino**[24] nos expresa que la amistad es una "característica del ser social, brota del hombre como instinto de su propia naturaleza, pero se realiza según

---

[22] En la revisión biográfica que hemos realizado podemos apreciar conceptos definidos por Aristóteles, Cicerón, Homero, Sócrates, Séneca y Epicuro con definiciones ideales basadas en la virtud como elemento esencial para el logro de la amistad perfecta. Ver. Cicerón, Marco Tulio. *Los Oficios o los Deberes. De la Vejez, de la Amistad.* Editorial Porrua S.A. México, D.F. 1999; Aristóteles. *Etica a Nicómano, CEC,* 1970; ID, *Ética, CEC,* 1970; BUBER M., II *principio dialógico* Comunitá Milán 1958- Cassianno G., *Collationes* 16, en SC 54,2, pp. 221-247.

[23] Ver los escritos del psicólogo Pedro Salinas en su artículo: *Los amigos.* En: http://www.islaternura.com/ARINCONES/TextosAmables/Sobre%20la%20amistad.htm. 2002

[24] Es válido hacer referencia que fue el pensador que más estudió la amistad como pilar de la sociedad, relacionándola con la vida social, con el trabajo, con la justicia y con las demás virtudes. Ver Chacón Rodríguez, Daniel. *La filosofía de la amistad en Santo Tomas.* En: http://www.monografias.com/trabajos10/satom/satom.shtml. 2003; De Aquino, Santo Tomas. *De Veritate.* B.A.C., Madrid, 1962.

la inteligencia y la voluntad, es decir, conforme a la razón, ella no es en sí una virtud, pero necesita de las virtudes para darse; sólo cuando se trata de la amistad como amor de caridad, entonces puede verse como una virtud". Consideramos que este autor subvalora los elementos afectivos, sobrevalorando conductas instintivas, así como la inteligencia y la voluntad, además de continuar con los esquemas sobre la virtuosidad del sujeto de la amistad e incorporando elementos de caridad que reflejan la esencia de su pensamiento teológico.

A finales del siglo XIX y comienzos del XX, estudiosos alemanes tales como **Max Weber** y **Ferdinand Toennies**[25] argumentaron que la importancia de la amistad había declinado con la industrialización y urbanización. Los entornos sociales eran cada vez más diversos y por consiguiente, menos convenientes para la formación de las amistades, debido a que las amistades tienen más probabilidades de formarse entre personas que son similares. Además, dado que las burocracias recientemente desarrolladas contrataban a las personas sobre la base de sus calificaciones para los trabajos en lugar de sus conexiones interpersonales, la gente se trasladaba de sus comunidades de origen en busca de su carrera, y los impersonales incentivos económicos destruyeron el amor y la confianza que había existido antes entre los colaboradores. No coincidimos con estos autores, ya que se privilegia la cercanía o proximidad en el origen y continuidad de las relaciones de amistad que se establecen en los diversos contextos sociales y se soslayan los elementos psicológicos, sociales e ideológicos en su conformación y desarrollo.

En estos autores ya comienzan a reconocerse los elementos sociales en el estudio de las relaciones de amistad, aunque no quedan precisados en su definición y le continúan en esta línea de pensamiento otros estudiosos del siglo XX.

Otros autores del siglo XX como L. **Recaséns Siches**[26] ha valorado la amistad, desde un punto de vista sociológico, definiéndola como una relación «interindividual», fundada en lo que cada uno tiene de «característicamente individual como persona irreduciblemente singular».

Para **Sierra Bravo**[27] es una relación social privada, normalmente entre dos personas, de carácter afectivo y desinteresado,

---

[25] Ver investigación de: Ueno, K and Rebecca G. Adams. "Adult Friendship: A Decade Review." *In Close Relationships*, edited by Pat Noller and Judy Feeney. Psychology Press, 2005.

[26] Siches, L. Recaséns *Tratado General de Sociología*, 5 ed., México 1963, p. 377.

[27] Sierra Bravo, R. *Amistad.* En:
http://www.canalsocial.net/GER/ficha_GER.asp?id=11701&cat=sociologia. 1997.

basada en una atracción y afinidad espiritual y tendente a una colaboración vital.

Para **Alexis Ferrand**[28] las amistades, por muy mágicas, específicas, particulares y personales que parezcan, se forman en contextos sociales y están sujetas a normas y modelos sociales.

Coincidimos con estos autores porque nos muestran una relación que depende en gran medida de la interacción social que se realice entre sus miembros, pero haciéndose énfasis en la particularidad que en ella se genera a partir de las normas y valores sociales asumidos individualmente, es decir se descentra relativamente del marco subjetivo individual y su potencial transformador en la génesis de la relación.

Para la **Real Academia Española**[29], la amistad es un afecto personal, puro y desinteresado, compartido con otra persona, que nace y se fortalece con el trato. Un amigo es aquel a quien le gusta hacer el bien a otro, desea hacérselo y considera que sus sentimientos son correspondidos.

Para **García Morente**[30], es una relación privada que, como tal, se basa en el conocimiento mutuo, íntimo, en oposición a la relación pública, que se da entre dos hombres cuando uno no conoce personalmente al otro.

Para **Natalia Ortiz**[31] y **Ruth Zarabany**[32] la amistad está basada en la intimidad. Ya que la consideran como una relación entre dos personas (diádica), recíproca y voluntaria que se mantiene en el tiempo y conlleva afecto.

No estamos de acuerdo con estos autores mencionados anteriormente porque privilegian la subjetividad individual en las relaciones de amistad, en los cuales, el solo hecho de compartir afectos, reciprocidad y compañía determina este tipo de relación, soslayando en alguna medida, la mediación de los procesos sociales en la conformación intrasubjetiva de los sujetos que comparten este tipo

---

[28] Ver De la Rúa, Ainhoa de Federico and Curie Fellow, Marie. *La dinámica de las redes de amistad. La elección de amigos en el programa Erasmus.* REDES. Revista hispana para el análisis de redes sociales. Vol. IV, #3, junio. 2003.

[29] Enciclopedia Real Academia Española, 1990.

[30] Morente, García. *Ensayo sobre la vida privada.* En Ensayos, Madrid 1945. p.34.

[31] Ortiz Alcalde, Natalia. *La amistad.* Editorial GIBRALFARO. Revista de Ciencias Humanas. Año I, Número 10. Junio 2003. pp.23-26.

[32] Sharabany, Ruth. *Intimacy in Preadolescence and Adolescence: Issues in Linking Parents and Peers, Theory, Culture and Finding.* K.Kerns (Ed) In Family and Peers: Linking Social Worlds. Westpost Conecticut. 2000. pp. 227-233.

de relación. Lo cual, a nuestro entender,  niega el carácter socio-histórico de las relaciones sociales e interpersonales.

Uno de los autores que logra integrar, en alguna medida, las determinaciones individuales y sociales, en el estudio de las relaciones de amistad, es **Selman**[33] cuando plantea: que "la relación de amistad es una relación diádica promotora de vivencias únicas de autonomía, intimidad, comprensión interpersonal, reciprocidad, cercanía, ayuda, seguridad, sensibilidad y responsabilidad con el otro y con la relación, que se forman en contextos sociales y por ende están sujetas a normas y modelos sociales".

Estamos de acuerdo con **Selman** en el sentido que nos muestra una apertura al concepto con cierta integración de sus elementos psicológicos y los factores sociales, en los cuales las múltiples mediaciones sociales producen cambios, estructurando las formas y manifestaciones de las relaciones de amistad en los diferentes contextos, aunque superador este concepto, no logra integrar epistemas como la fidelidad, solidaridad y el conflicto en el interno de estas relaciones, que son determinantes en la generación de contradicciones que potencian el desarrollo hacía saltos cualitativos superiores de los sujetos de esta relación y de la relación en si. Además de vincular este tipo de relación solo a pareja de amigos, diadas que son privilegiadas en la mayoría de la literatura científica, soslayando la posibilidad de amistades colectivas o grupos de amigos.

Después de haber realizado una trayectoria sobre las concepciones de las relaciones de amistad que hasta la actualidad han dominado el estudio de esta categoría, y los conceptos trabajados por los autores que hemos referido, es necesario que presentemos la definición que ha sido el eje articulador de nuestra labor científica, la cual es: *la amistad es una relación vincular, promotora de vivencias únicas de intimidad, reciprocidad afectiva, lealtad, colaboración y solidaridad, sujetas a normas y valores sociales establecidos, donde el conflicto que se genere en la interacción, potencia el desarrollo de sus miembros y de la relación para sí.*

Ahora bien, es preciso que expliquemos los epistemas (en otros paradigmas se les llama indicadores, variables, componentes, etc) que surgen de esta definición del concepto Amistad, que guiarán la comprensión y análisis de las relaciones de amistad en nuestra investigación, los cuales nos ayudan a comprender el *qué* y el *cómo* de estas relaciones, entre ellos podemos mencionar un sinnúmero de

---

[33] Selman, R. L. *The child as a friendship philosopher*. En S.R. Asher y J.M. Gottman (Eds.). The Development of Friendships. New York: Cambridge University Press. 1981. pp. 242-272.

elementos, pero nos ubicaremos en los que más se acercan a la expresión de las relaciones de amistad en la realidad, ellos son:

- El desarrollo de un vínculo intersubjetivo positivo. (*relación vincular*).
- Vivencias únicas de reciprocidad afectiva, cognitiva y volitiva. (*intimidad y reciprocidad afectiva*).
- Desarrollo de un sistema de valores. (*lealtad, colaboración y solidaridad*).
- Dependencia de las normas y valores socialmente establecidos. (*normas y valores sociales*).
- La superación del conflicto a través del crecimiento de los miembros y de la relación para sí (*solución de conflictos*).

Estos elementos pueden ser explicados a partir de los epistemas de las relaciones de amistad que mostraremos a continuación, los cuales hacen referencia a cómo ellas deben ser establecidas para expresar su importancia y aporte en relación al ámbito individual, grupal y social, debido a que estas consideraciones son los puntos de partida para futuras investigaciones en esta área.

Cuando hablamos de ***relación vincular*** hacemos referencia a los vínculos que se establecen en el grupo donde pertenecen los sujetos que conforman sus relaciones de amistad y estos vínculos se diferencian de otras interrelaciones, precisamente en la medida del intercambio recíproco, mutuo, compartiendo situaciones desagradables y agradables en la cotidianidad que permiten el crecimiento bidireccional de sus miembros y la retroalimentación ante las diferencias compartidas.

En este tipo de relación *se **promueven vivencias únicas de intimidad y reciprocidad afectiva*** en la medida que los amigos comparten momentos, situaciones, espacios y criterios personales que marcan su existencia en su devenir histórico social y que sólo es posible compartir con las personas que prometen un respeto a estos elementos, donde la garantía para expresarlos reside en la capacidad de aceptación, diálogo, comprensión y crítica basada en la ayuda y el apoyo, sobre la base de la afectividad y no en la subvaloración, ridiculización, el chantaje o la crítica destructiva. Es con los amigos donde se logra compartir momentos excepcionales y únicos que se viven con alegría, agrado o tristeza y mucha satisfacción por compartirlas, que en otras relaciones no se logran.

Esta relación se nutre de la ***lealtad*** como un elemento básico para abordar las disímiles situaciones, ansiedades, malestares o alegrías entre los amigos, debido a que es la base de la seguridad para mantener este tipo de relación y hacerla perdurar. Tener confianza en el amigo significa que tenemos la seguridad personal de que responderá favorablemente a las necesidades que se presenten.

La *colaboración y solidaridad* que se expresan en la relación de amistad constituyen una fuerza integradora para la satisfacción de necesidades individuales y grupales, así como para el enfrentamiento a los obstáculos que se les presenta al sujeto en los distintos grupos a los cuales pertenece. Esta afirmación es validada por **Vigostki**[34] cuando hace referencia a la importancia de la zona de desarrollo próximo en la vida del sujeto en la sociedad, donde la colaboración y solidaridad permiten el avance en la transformación del sujeto activo y al mismo tiempo promueven su capacidad para cambiar su realidad con la ayuda del amigo.

Es una relación *sujeta a normas y valores establecidos* porque necesariamente se forma y desarrolla en el seno de una determinada sociedad y responde a las asignaciones que la misma constituye en su contexto sociohistórico, reflejando la dinámica de su historia y el constante cambio de su presente. Ella asimila las normas y valores sociales establecidos y los reproducen en su expresión, tanto a nivel individual como grupal, lo que le permite formar parte de todo el entramado social al cual pertenece y manifestar en su singularidad las contradicciones que el sistema, económico, político y social poseen en su expresión universal.

En esta relación *el conflicto que se genera en la interacción, potencia el desarrollo de sus miembros y de la relación para sí* y lo logra, a través de la posibilidad de comprender al amigo y conocer el porqué de su forma de actuar y pensar ante determinadas circunstancias que se presentan en la interacción cotidiana, en las cuales los miembros de la amistad comparten y en las que deben tomar decisiones conjuntas en base a criterios diferentes. Es allí donde se jerarquiza la relación de amistad, se analizan y discuten los elementos discordantes a favor de una solución que diminuya el malestar en los miembros de la relación, ya que a través de los desacuerdos en el contexto de este tipo de relación y a la vista del esfuerzo que se pone para resolverlos, se estimulan formas de pensamiento y de resolución de problemas más maduros[35]. Es así como la resolución de conflictos

---

[34] Vygotski, L.S. Prólogo a la versión rusa del libro de E. Thordike «*Principios de Enseñanza basadas en la Psicología*». En L.S. Vygotski, Obras Escogidas, Vol I. Madrid: Visor. 1926. p.112.

[35] Hartup, W.W. *Cooperation, close relationships and cognitive development*. En W. M, Bukowski; A F. Newcomb and Hartup (Edi), *The company they keep. Friendship in childhood and adolescence.* pp. 213-237. Cambridge, UK: Cambridge University Press. 1996.

entre los amigos se presenta como una situación idónea para aprender a sopesar metas y objetivos individuales frente a los comunes.

En sentido general, las interacciones con un amigo, se suelen caracterizar por un mayor número de intercambios sociales positivos (aprobaciones, afectos, etc), más cooperación, ayuda, consuelo, y en general un comportamiento más prosocial. También se puede observar más implicaciones cuando están juntos, suelen exhibir formas de interacción más complejas, a través de compartir símbolos y sistemas de códigos que se han establecidos en la relación y que son comprensibles por parte de los miembros de la misma; aunque también se producen más conflictos que con otros compañeros que no son amigos (quizás porque con los amigos están más tiempo), estos conflictos son menos intensos y sobre todo se resuelven de forma distinta (con más negación) y con mejores resultados (se procura que la solución no desequilibre a las partes y que no haya uno claramente beneficiado y otro como perdedor).

Otra de las diferencias de las relaciones de amistad está dada con los compañeros. Un comportamiento que marca claramente esta diferencia reside en la mayor implicación con el amigo que con el compañero (intimidad, complicidad personal, compartir confidencias, sentimientos, pensamientos, así como la autorevelación y las expectativas de lealtad y confianza mutuas); algo que al paso de los años se va acrecentando.

Entonces, podemos reflexionar en cuanto a qué se debe esa falta de acuerdo en la definición de la amistad. Aunque los límites percibidos de "*familia*" y "*vecindad*" pueden variar en el contexto intercultural, existe algún grado de consenso social acerca de lo que constituye un vínculo familiar o una relación de vecindad y lo que ellas transmiten; el vínculo familiar está relacionado biológicamente, afectivamente, consanguíneamente, legalmente, etc. y los vecinos viven en una cercana proximidad geográfica. En otras palabras, en contraste con la "*amistad*", estos tipos de relaciones están generalmente institucionalizados.

En algunas sociedades, la amistad está institucionalizada. Las obligaciones para con los amigos están bajo mandato, y los compromisos con los amigos se celebran públicamente. Por ejemplo, en la sociedad rural tailandesa, un ritual en el que los participantes juran devoción mutua y lealtad incondicional, inicia formalmente las amistades especiales. El poder sagrado puede ser invocado siempre que una de las partes viole las promesas. Dentro de este tipo de sociedad, las amistades no varían tanto como en aquellas en las que la amistad es percibida como voluntaria, como lo es en la mayoría de los países occidentales.

Sería oportuno preguntarnos para qué sirven las relaciones de amistad y seguro estamos que esta pregunta tendría muchas respuestas, por todo lo conocido en cualquier contexto sociocultural sobre los beneficios que brindan esta relación en el nivel individual, grupal y social; se precisa señalar algunas de las finalidades de esta relación.

### *Para los individuos:*

- Cumplen funciones importantes en el desarrollo afectivo y social, por cuanto permiten adquirir experiencias, emociones y sentimientos, como afecto, cariño y apoyo emocional.
- Ejercen numerosas influencias en el desarrollo de la personalidad del individuo: dan seguridad y facilitan el control emocional, contribuyen al desarrollo de la identidad personal, facilitan el desarrollo moral y desarrollan la capacidad de toma de decisiones y estructuran una perspectiva social.
- Ofrecen la seguridad emocional necesaria para afrontar situaciones nuevas o difíciles, pues desarrollan la capacidad empática, al ser más fácil compartir los sentimientos con los amigos que con los conocidos o desconocidos, y facilitan el control emocional, debido a que las interacciones con los amigos, al ser igualitarias e íntimas, permiten experimentar una amplia gama de sentimientos y valores, tanto positivos (cariño, apoyo, afecto, confianza, lealtad) como negativos (celos, enfado, resentimiento, tristeza), contribuyendo a la diferenciación de estas emociones y al control de las reacciones negativas y a la solución de conflictos.
- Es una fuente excepcional para expresar nuestros sentimientos e ideas: permite compartir intereses, actividades, comparar nuestros puntos de vista con lo cual se avanza hacia nuevos y mayores conocimientos sobre aspectos comunes a nuestros intereses.

### *Para los grupos:*

- Constituyen logros sociales significativos, son índices de la competencia social, y, en consecuencia, el establecimiento de nuevas amistades da origen al aumento de la autoestima, del sentimiento de grupo, de la identidad y la pertenencia.
- A través de esta relación los amigos aprenden a compartir, a dar y recibir, a lograr la pertenencia, cohesión grupal, comprender el significado de las normas, aceptar a los demás tal como son,

respetando y afirmando sus valores y creencias, ensayando y desarrollando el estilo de vida propio[36].

- Refuerzan los beneficios del orden individual a través del compartir colectivo.

### Para la sociedad:

- Constituyen un apoyo económico y político cuando entre los gobiernos, los estados se firman convenios de amistad y solidaridad económica que potencian el desarrollo humano en cada una de las partes y contribuye de forma eficiente a mantener la paz y la armonía entre los mismos.
- Conforma un valor que regula las interacciones sociales posibilitando la cooperación y participación en los proyectos sociales que se generan en los grupos y la sociedad.
- Contribuyen de forma general a la socialización del ser humano en su contexto histórico cultural.

Se concluye este capítulo con la intención de la necesidad de hacer énfasis en la manifestación de las relaciones de amistad en su forma grupal, la cual permitirá maximizar la capacidad de las relaciones de amistad para transformar representaciones sociales e implementar situaciones que generen trabajo grupal consciente y estructurado, en la cooperación y la participación sistemática implementada en los espacios grupales, lo que facilitaría la modificación de nuestra realidad como acto creativo, teniendo en cuenta las circunstancias y potencialidades internas de los sujetos individuales y colectivos, a favor de facilitar los proyectos de transformación dirigidos a la solución gradual de las contradicciones que los miembros de un grupo poseen en su cotidianidad y que gesta la trasformación de los mismos en el alcance de su emancipación y la implementación de la autogestión y sostenibilidad, concebidas de modo integral a largo plazo a través del aprovechamiento y potenciación de los recursos disponibles, tanto materiales como espirituales que poseen en el medio en cual se desenvuelven.

---

[36] Rodrigo, Juan Carlos. *Mis amigos. Mis pares o iguales.* En: http://www.encolombia.com/saludascp-mis19.htm 2004.

# Capítulo II.

**Crítica a los estudios sobre las relaciones de amistad realizados desde los paradigmas filosóficos, sociológicos y psicológicos.**

**Yorkys Santana González.**

*Profesor de Psicología, Universidad de Oriente, Santiago de Cuba, Cuba.*

**María del Pilar Soteras del Toro.**

*Profesora de Psicología, Universidad de Oriente, Santiago de Cuba, Cuba.*

En este capítulo trataremos de hacer una crítica a las teorías filosóficas, psicológicas y sociológicas que dominan el estudio de las relaciones de amistad desde la antigüedad hasta la actualidad.

Las concepciones sobre las relaciones de amistad que más se han desarrollado en las ciencias sociales tienen su esencia en el pensamiento de **Aristóteles, Platón, Homero, Epicuro, Séneca** y **Santo Tomás de Aquino**, precursores de precisar el estudio de las relaciones de amistad sobre la base de los valores y virtudes en el ser humano, como hemos hecho referencia antes.

En el análisis de los estudios que sobre la amistad han sido tratados por los escritores clásicos greco-latinos. En los poemas homéricos[37], la amistad representa un entrelazado socio-político-religioso fundamental. Los líricos, en cambio, cantan la amistad como relación particularmente significativa para la vida aristocrática. En los trágicos la amistad parece ser sinónimo de fidelidad hasta la muerte para salvar la vida del amigo. **Platón,** retomando el pensamiento de **Pitágoras** y **Empédocles**, discute en *Lisias* las diversas interpretaciones sobre la amistad, y llega a la conclusión irónico-sapiencial de no haber sabido "encontrar cuál es la definición de amigo"[38]. En el *Simposio,* en cambio, la amistad es interpretada como un escalón en la subida erótica hacia "la belleza en sí". En la *República* la amistad adquiere un valor político; representa el modo de vivir la relación democrática en el interior de la polis. Aristóteles vuelve a

---

[37] Ver Palazzini, P. *Amistad.* En Diccionario de teología moral. Ed. Studium. Madrid. 1970. p.23.

[38] Ver Maritain, J. *Amor y amistad.* Editorial Nova Terra. Barcelona. 1964. p.15.

pensar el tema de la amistad dentro de la ética. "Es, efectivamente, una virtud o se hace acompañar por la virtud"[39]. Según el bien en que se basa, se tiene la amistad imperfecta o de móvil utilitario o placentera, y la amistad "perfecta" como "benevolencia" recíproca, "intercambiable" como vida "en común". Dado el carácter de recíproco intercambio de la relación amistosa, "sería ridículo que uno acusara a Dios de no corresponder a la amistad del modo como es amado"[40].

Se puede apreciar que la amistad se supedita a las personas magnánimas y "especiales", que sólo poseen un "don" que les permita ser buenas y destacar sus cualidades personales, destacando sólo los aspectos positivos de la formación de relaciones de amistad y unidos esencialmente en el carácter teológico. Entonces es necesario preguntarse si se conforma sólo la amistad en las relaciones entre las personas nobles y benévolas, según las concepciones de los clásicos greco-latinos. La respuesta sería indudablemente negativa.

Ya que una conocida paradoja es la duda de si una relación así articulada en torno al bien interpersonal sólo es practicable justamente por hombres buenos, en consecuencia, el hombre depravado no podrá vivir una auténtica amistad. Contrapeso inicial a este planteamiento es el fenómeno, tantas veces explorado en el cine, de sujetos marginales o estigmatizados que se aferran, sin embargo, a alguna historia de amistad incondicional como el único refugio y verdad de su existencia rota, la cual ha sido desarrollada a partir del establecimiento de un proyecto conjunto que sólo es posible a través de la interacción constante entre sus miembros, lo que permite que ambos crezcan durante la resolución de dicho proyecto, al unísono desarrollen la participación y cooperación como momentos claves para lograr el propósito final de sus acciones.

Los clásicos vinculan la amistad a la concepción de la magnificidad de los sujetos, a la verificación de cualidades positivas que resulten de esta interacción y a continuar la tendencia a despreciar a los sujetos como seres activos en la conformación de sus búsquedas y sistematicidades en las relaciones de amistad, las cuales se profesan y crean basadas en sus preferencias, gustos, intereses, es decir la subjetividad personal y el muy importante papel del sujeto, no como objeto de sus relaciones sociales, sino como sujeto de sus propias redes culturales asimiladas, sus saberes, sus análisis y realización personal, entre otras. Es decir, es apreciar que las respuestas que el hombre y la mujer dan a los estímulos del medio no son respuestas a estos, sino a

---

[39] Aristóteles. *Tica a Nicómano. CEC,* 1970; ID, *Ética,* CEC, 1970.

[40] Ver *Ética eudem.,* 7, 3, 1238b, en Fraise, J.C. *Philia. La notion d´ amitié dans la philosophie amique.* Vrin, París 1974.

los símbolos que categorizan, que dan sentido e interpretan tales estímulos[41].

Por tanto divinizar las relaciones de amistad no logra integrar todos los contenidos complejos que este tipo de relación encierra en si misma y sus múltiples determinaciones y aperturas que se suceden en su origen y desarrollo, lo que limita su estudio, desde esta perspectiva integral.

Es **Santo Tomás de Aquino**[42], quién plantea: El sentimiento de fraternidad y de amistad es natural en el hombre, por eso es causa de la sociedad. El amor está en la base de la sociedad, porque "todo agente hace por amor todo lo que hace"[43], tiene relación con el bien, y como el bien es el fin, el amor se dirige hacia el bien común y fin último: "La caridad ordena los actos de todas las virtudes al fin último"[44]. Este fin se realiza en la justicia y es promovido por el derecho, por la ley. De acuerdo con ello, el derecho y la ley tienden a dar consistencia a la amistad. Él sostiene que la amistad sin justicia es disolución y la justicia sin amistad (o misericordia) es crueldad. En conclusión, para **Santo Tomás**, el amor da equilibrio a las relaciones sociales y jurídicas; y la amistad es un factor de sociabilidad, ordenado a la justicia, sin la cual la sociedad política no puede subsistir.

Aquí se puede ver que se pone la amistad en función del orden social y el funcionamiento político, lo que muestra que aun se mantiene privilegiado el carácter político de la amistad en su estudio y por tanto se requiere de una explicación que se compromete con adecuar las relaciones de amistad como conformadoras de un orden social, que representa el dominio y la explotación propias de la época medieval en la cual vivió **Santo Tomás de Aquino**. Aspectos que también se vinculan a las relaciones de amistad que este autor tuvo con sus discípulos, los cuales poseían un mismo estatus social y poder económico determinado, no haciendo partícipe a los pobres de sus relaciones de amistad. Y considerando que las relaciones de amistad se basaban en la virtud, puesto que se consideraban virtuosos a los hombres que lograban ser letrados y entrenados en el arte de aprender la erudición, aspecto que le era imposible a las mayorías pobres de la época. Lo que muestra la ideologización de estas relaciones que se

---

[41] Arnold, Marcelo y Robles, Fernando. *Explorando caminos transilustrados más allá del neopositivismo epistemologías para el siglo XXI.* Revista Cinta de Moebio No. 2 de Diciembre 1997. Facultad de Ciencias Sociales. Universidad de Chile

[42] Chacón Rodríguez, Daniel. *La filosofía de la amistad en Santo Tomas.* En: http://www.monografias.com/trabajos10/satom/satom.shtml 2003.

[43] Suma Teológica, I-II, q. 28, a. 6, c.

[44] Ibid., II-II, q. 23, a. 8.

enmarcan en esta época medieval en la amistad de los poderosos, pero no existe pasaje alguno que describa las amistades entre la plebe, de sus cotidianidades de sacrificio y angustias ante la constante explotación a que eran sometidos.

En el caso de **Sócrates** hemos aprendido que la amistad alimentada por la cultura común proporciona experiencias inolvidables. Nos dice que el placer de contemplar a fondo los hombres y las cosas está cercano a la felicidad, y que el arte de vivir consiste en descubrir a las personas que pueden compartir ese placer. Podemos apreciar que rompe con las estructuras de dominación y división de clases en su percepción sobre las relaciones de amistad y esto en parte se debe al hecho de su forma de percibir el mundo, cuando en sus ideas aludía a "que es más importante conversar con las personas en la plaza del mercado que dejar grandes tratados", es decir, valorar y evaluar las relaciones de amistad en la cotidianidad[45] y no investigar, sólo desde la perspectiva ideológica, evaluando una parte de la realidad que deviene fuera del medio de origen y sistematicidad complementaria de este tipo de relación.

En la actualidad se trabajan otros elementos recurrentes en cuanto al estudio de las relaciones de amistad como poder ideológico, soslayando las contradicciones que sustentan los fundamentos de este tipo de relación, tal es el caso de las teorías anglosajonas que se presentarán en lo adelante.

Se expone en la literatura científica[46] la existencia de una cualidad amistosa consistente en las relaciones entre los países angloparlantes de los Estados Unidos, el Reino Unido, Canadá, Australia y Nueva Zelanda. La mayoría de las veces, se encuentran reivindicaciones de amistad entre los líderes políticos en comparación con los estados[47]. Pero todos estos vínculos están esencialmente basados en los estimados de los líderes involucrados de que los intereses de sus naciones se vean mejor servidos por estas relaciones interpersonales aparentemente cordiales[48]. Aquí podemos apreciar como se tergiversan los modos de expresión de las relaciones de

---

[45] Aquí coincidimos con el Dr. Armando Pérez Yera cuando plantea que "la cotidianidad hace que cada individuo se perciba en su singularidad, en ella lo universalmente humano aparece subsumido por lo singularmente humano". Ver en: Freyre Alonso, Joaquín, et all. *El Autodesarrollo Comunitario. Crítica a las mediaciones sociales recurrentes para la emancipación humana*. Editorial Feijóo. Santa Clara, 2004.

[46] Ver artículo de: Ueno, K and Rebecca G. Adams. *"Adult Friendship: A Decade Review."* In *Close Relationships*, edited by Pat Noller and Judy Feeney. Psychology Press; 2003.

[47] Montville, Joseph V. *¿Pueden las naciones ser amigas?* Editado en Centro Para Estudios Estratégicos e Internacionales. EUA. 2003. p.11.

[48] Idem, p.16.

amistad en la política de dominación y hegemonismo imperialista, adjudicándole a estas relaciones el carácter de amistad, y soslayando los intereses políticos son los que se encuentran en primer orden, en aras de mantener una coalición, más que los verdaderos vínculos de solidaridad, lealtad, reciprocidad y colaboración entre los dirigentes de estos países y sus respectivos grupos de estado y gobierno los cuales manipulan los tratados. Por lo que no son realmente relaciones de amistad las que se fomentan entre estos estados, sino sólo relaciones de poder. De esta forma sólo se manipulan las condiciones económicas, sociales y políticas que evitarían el logro del encuentro entre los pueblos y por ende el establecimiento de las reales relaciones de amistad, depositadas en las condiciones diferentes y de respeto a las diferencias individuales, que favorecería la paz entre las diferentes culturas en este siglo XXI[49] y generaría una posible integración entre cualquiera de las naciones del mundo.

Otras de las tesis que refleja la ideologización de las relaciones de amistad es la que afirma que "de las amistades íntimas se esperan que las personas proporcionen una extensa ayuda en tiempos de necesidad a los amigos, pero la ayuda que está debajo de estos beneficios no está clara aún"[50]. Es evidente que estos autores no han podido determinar la claridad de estos beneficios porque se enmarcan en determinar las proposiciones de las funciones de la amistad basados en las diferenciación de clases y han estudiado las relaciones de amistad en las clases medias y altas de la sociedad anglosajona[51], lo que repercute en determinar que los amigos se ayudan, no por la necesidad real de supervivencia –como en el caso de la clase pobre, que no posee recursos materiales para satisfacer sus necesidades básicas–, sino por la reproducción social de los mecanismos de ayuda que se sustentan en la normas capitalistas del consumo de tener y poseer, más que por la real cooperación y ayuda que sustentan los valores que propician las relaciones de amistad en su sentido recíproco, bilateral o multilateral.

Continuando la reflexión en esta arista se analiza ahora la tesis que sustenta **Nina Mount** sobre la elección de las amistades, cuando

---

[49] Ikeda, Daisaku. *Pensamientos sobre la Amistad.* Universidad Ontario Occidental. 2003.

[50] Clark, M. S., & Mills, J. *The difference between communal and exchange relationships: What it is and is not.* Personality and Social Psychology Bulletin, 19, 1993, pp. 684–691

[51] Ver estudios al respecto: Steinberg, L. D. and Silverberg, S. B. *The Vicissitudes of Autonomy in Early Adolescence.* Child Development, 57, 1986, pp.841-851. Ryan, R. M., and Lynch, J. H. *Emotional Autonomy versus Detachment: Revisiting the Vicissitudes of Adolescence and Young Adulthood.* Child Development #60, 1989, pp. 340-356; Coleman, J. *Friendship and the Peer Group in Adolescence.* In J. Adelson. Ed. Handbook of adolescent. New York: Wiley.1980 pp.16-17, u otros.

plantea: "los adolescentes seleccionan a los amigos que poseen altos niveles de realización académica y bajos niveles de delincuencia"[52], por lo que podemos apreciar que se vincula la amistad a la concepción de la magnificidad de los sujetos, a la verificación de cualidades positivas que resulten de esta interacción y a seguir la tendencia de los investigadores a desvalorizar a los sujetos como seres activos en la conformación de sus búsquedas y sistematicidades en las relaciones de amistad, las cuales se profesan y crean basadas en sus preferencias, gustos, intereses, es decir la aceptación personal, y el importante papel del sujeto, no como objeto de sus relaciones sociales, sino como sujeto de sus propias redes culturales asimiladas, sus saberes *-que son tan sabios como los que poseen los científicos-* sus análisis y realización personal, entre otras. Una vez más se privilegia las concepciones clasistas y clasificatorias en la elección de las relaciones de amistad, soslayando el carácter social determinante en su formación. Vale recordar que es "una forma de subvaloración al potencial humano cuando clasificamos a los sujetos sólo por las actitudes o conductas asumidas y no a través del análisis de la complejidad del sujeto en su interacción en el contexto sociocultural en que se desarrolla"[53], el cual de modo particular imprime comportamientos determinados y asumidos que pueden incrementar u obstaculizar el trabajo grupal comunitario, pero que no deben quedar al margen de su evaluación y comprensión para la transformación de los escenarios por parte de los actores comunitarios.

Otras tesis plantean que "en las relaciones de amistad se producen en ocasiones actos extremos de altruismo"[54]. Lo que reconocen estos autores, es que las relaciones de amistad no condicionan normalmente el altruismo en su desarrollo entre los sujetos y por ende suponen que los amigos sólo lograrán actos extremos de altruismo como forma de manifestación aislada de las relaciones de amistad, en el que se propone ayudar al amigo sólo en los casos extremos, aseveración con la cual no coincidimos debido a que existen acciones positivas de ayuda y altruismo que se generan constantemente en las culturas de los países latinoamericanos y particularmente en nuestro país, donde el aportar recursos espirituales y materiales a los amigos constituye un principio de apoyo en las

---

[52] Ver: Mounts, Nina S. *Parental Management of Adolescent Peer Relationship: What are Its Effects on Friend Selection?* Article No 7. Praeger Publisher. Wearport, ct, 2002. pp. 234-236.

[53] Citando a Vigostky en Luffiego García, Máximo. *Reconstruyendo el constructivismo: hacia un modelo evolucionista del aprendizaje de conceptos.* Revista Investigación Didáctica #377. Enseñanza de las Ciencias. 2001, 19 (3). pp. 379-392.

[54] Ver: Tooby, J., & Cosmides, L. *Friendship and the Banker's Paradox: Other pathways to the evolution of adaptations for altruism.* Proceedings of the British Academy, 88, 1996. pp.119–143.

disímiles condiciones en que se desarrolla la cotidianidad en estos países, aclarando que es fundamentalmente entre las clases bajas de estas sociedades (en el caso de nuestro país entre toda la población, pues tienen una posición económica bastante similar), lo cual genera un clima de cooperación entre los miembros de determinados grupos y posibilita el desarrollo de acciones amistosas en su forma grupal. Esto podemos representarlo con la tesis que plantea que "en la mayoría de los países occidentales, los miembros de la clase trabajadora o de minorías étnicas pueden enfatizar la importancia de compartir los recursos materiales más que los de las clases media o alta"[55].

Algunos autores han utilizado el estudio de las relaciones de amistad para privilegiar el modo de vida capitalista con su fundamento socioeconómico. Un ejemplo se puede apreciar en la tesis que plantea que "los amigos tienden a ser más del mismo nivel socioeconómico que en los no amigos. Hay que tener en cuenta los problemas de la educación y los imperativos familiares referentes a la eliminación de los compañeros de bajo nivel socioeconómico"[56], considerando que se debe poseer un nivel socioeconómico similar para lograr establecer relaciones de amistad y al mismo tiempo eliminar la posibilidad de fomentar relaciones de amistad entre sujetos de diferentes clases sociales, cuestiones con las que no estamos de acuerdo debido a que en nuestro país, este no es un elemento esencial para fomentar y mantener este tipo de relación y por ende estructurar las mismas sobre la base de acciones colectivas que potencian el crecimiento y la ayuda recíproca entre los actores comunitarios.

Hemos podido apreciar que en estas reflexiones sobre relaciones de amistad, se soslaya el principio de las múltiples mediaciones, ya que los investigadores de "las ciencias sociales tienen que incorporar en su reflexión las mediaciones reales, sean económicas, políticas, sociales, ideológicas, incluso las mediaciones por la subjetividad. Y las tienen que incorporar, primero, en la visión de la realidad social que estudian, para después poder reflejarlas en el conocimiento que producen. Las contradicciones reales no pueden ser disueltas por el pensamiento, sino reflejadas por este"[57].

---

[55] Blieszner, Rosemary and Adams, Rebecca G. *Adult Friendships*. Edited Sage Pubns. 0803936737.1992. pp.64-67.

[56] Campbell, W. Keith, Sedikides, Constantine; Reeder, Gleen D and Elliott, Andrew J. *Among Friends? An Examination of Friendship and the Self-Serving Bias.* British Journal of Social Psychology. Vol 39(2), 2000. pp. 233-235.

[57] En Lukacs encontramos esta afirmación: "En toda sociedad ricamente articulada, ella es solamente el modo por el cual aparecen mediaciones largamente absorbidas, las que el pensamiento y el análisis deben descubrir en la realidad, superando así la inmediatez del plano conceptual". En Introducción a una Estética Marxista.

Una de estas teorías plantea: "Parece superfluo afirmar que las relaciones entre los compañeros y de modo más particular las amistades, resultan indispensables para la salud mental de niños, adolescentes y adultos. Casi todos sabemos las dificultades de adaptación que encuentran los niños sobreprotegidos, institucionalizados o desarrollados netamente en medio de adultos"[58].

Las relaciones de amistad son acreedoras de satisfacciones a necesidades que encuentran su materialización sólo a través del contacto y en la actividad con el otro u otros, debido a que los amigos posibilitan la asimilación de normas y valores establecidos en la sociedad, a través de la cual reproducen sus sistemas de relaciones sociales, que les permite asumir y compartir una forma determinada de interacción y por ende recibir una mayor o menor aceptación por los grupos en los cuales interactúan cotidianamente. Esto deviene, no sólo beneficio mental sino también social para el individuo y su relación, la cual en nuestra sociedad, que se supone se privilegie la amistad como valor, instrumentalizado e instruido en los niveles primarios de nuestro sistema educacional, se olvida su posterior necesidad de potenciación, atención y estudio en los marcos grupales, espacios de imprescindible valor para el desarrollo de la intersubjetividad en las personas.

Por ende es preciso reconocer que sólo en la intersubjetividad es donde se desarrolla adecuadamente las relaciones de amistad porque la intersubjetividad (informal, sistémica o como instituciones sociales, culturales, políticas, etc.) constituye a la subjetividad, por lo que cuando ésta se pone como sujeto ya pertenece siempre a una comunidad intersubjetiva, a un grupo lingüístico, cultural, político, etc. Esa "intersubjetividad" es componente de la subjetividad y es allí que el sujeto es ser activo ante las expresiones de cordialidad, reciprocidad y vivencias únicas que generan un clima agradable y seguro para la manifestación exitosa de los valores que generan y sustentan las relaciones de amistad.

Otras tesis plantean que "el afecto que surge de la amistad mejora nuestro equilibrio psicológico. La amistad es una forma de amor que se basa en la comunicación, el apoyo mutuo, la comprensión, el cariño. Esta relación favorece la colaboración, el intercambio, el reconocimiento del otro, la alegría compartida y reduce la agresividad, la desconfianza y las actitudes defensivas"[59]. "Se reduce la incertidumbre, mejora nuestro control y nuestra autoestima. Favorece descubrir nuestra singularidad, conocernos más y entendernos mejor a

---

[58] H Smith. *The friendship in adolescents*. (Boston Library, EUA). 1995. pp. 1-10.

[59] Ver Carrera Camuesco, Ángela. *La amistad*. En: http://www.telefonica.net/web2/cipsaonline/tem.html#amistad 2004.

nosotros mismos y nos ayuda a ver las cosas desde otros puntos de vista (empatía, mayor realismo). Combate y alivia la soledad (inherente al ser humano y la existencia misma). El sentimiento de soledad se combate mejor entre amigos que con la familia ya que las relaciones familiares no han sido elegidas y además con los amigos hay más reciprocidad"[60].

Aunque no debemos olvidar que las relaciones de amistad dependen en gran medida de los vínculos que los sujetos logran establecer y se erigen sobre la base de las estructuras sociales que han sido establecidas y que son asimiladas en la conformación de las configuraciones de la personalidad que el sujeto desarrolla en correspondencia con su contexto sociocultural y sus mediaciones constantes.

Determinar en forma lineal los efectos de las relaciones de amistad en la disminución de la soledad, el aumento de la autoestima, y la reducción de la agresividad, como acciones subjetivas individuales, sería soslayar el papel del desarrollo de la intersubjetividad como el producto y productor de múltiples mediaciones sociales que están en la base de estas interacciones que se generan en torno a este tipo de relación social, lo que supone recordar que la intersubjetividad nunca será de un sujeto concreto, sino una comunidad intersubjetiva que conforma en su interno al sujeto y la subjetividad, que como esencia de las relaciones de amistad, asumen la multideterminación para la objetivación de los procesos que al interno de esta relación se generan y comparten, por los sujetos en estas interconexiones.

Una de las tesis que valora la relación de amistad en una entramada de movimiento entre lo individual y lo interindividual es la de **Agustín Serrano**[61], cuando asevera que "como un peculiar circuito de benevolencia y "beneficencia" mutuas: puede amarse sin correspondencia, pero no se puede en cambio "amistar" en soledad (sí simpatizar, admirar, etc.). Aunque haya sin duda amistades duales y de grupo, parece que el nexo de amistad al principio está vinculada de persona a persona, luego podría extenderse al grupo, a la comunidad; claro que, por añadir un último detalle falsamente matemático, la firme condición de reciprocidad mutua no sólo no impide tener múltiples amigos, sino que más bien permite sospechar (con la autorización de **Montaigne**) que la posesión de "un único amigo pero absoluto" es algo anómalo, más propio de otras formas de afecto que de la amistad,

---

[60] Ver Ortiz Alcaide, Natalia. *Relaciones de Amistad.* Editorial GIBRALFARO. Revista de Ciencias Humanas, Año I, Número 10. Junio de 2003, p.12.

[61] Ver Serrano Llano, Agustín. *Apuntes filosóficos sobre la amistad.* Revista Crítica, Septiembre, # 918, 54, 2004. pp.12-23.

es entonces donde podemos afirmar que las relaciones de amistad cuando se establecen de forma grupal logran apoyar los proyectos comunitarios que se gestan en los grupos y que es a través de la cooperación y participación cada vez más consciente que logran su máxima expresión y calidad en la ejecución y desempeño.

No coincidimos con Serrano cuando privilegia la idealización subjetiva de la amistad, como máxima responsable para compartir la intimidad individual, con la reciprocidad que genera bienestar y complacencia, así como la manifestación de una diada -en principio-, como forma ideal de las expresiones de amistad, olvidando el proceso dinámico y dialéctico que las influencias del medio sociocultural ejercen sobre los sujetos que se relacionan, los cuales comparten y forman parte en más de un grupo, asumiendo sus representaciones sociales y valores;  donde se expresan la solidaridad, lealtad y reciprocidad que son sociales en esencia, resultados de la interacción con los otros diferentes, los presentes y los no presentes que están contenidos en ellos, por tanto el obviar el carácter social de la génesis y desarrollo de estas relaciones de amistad, sería indefinir su esencia y su base generadora de vínculos significativos entre uno o más sujetos cambiantes y transformadores de su realidad.

Existe un  sinnúmero de investigaciones e investigadores que han defendido la posición subjetiva individual en el establecimiento de las relaciones de amistad,  lo que se puede apreciar en las siguientes teorías al respecto.

En la literatura   autores como **Schneider**[62], **Campbell**[63], **Remplein**[64], **Condon and Crano**[65], **Coleman**[66], **Newman**[67] llegan a un cierto consenso al destacar las relaciones de amistad, entre las bases para el desarrollo adecuado de los seres humanos, ya que propicia el intercambio continuo de intereses, valores, afectos, formas de actuar y pensar, en tanto, se considera al grupo de compañeros y amigos como

---

[62] Schneider, Barry. H and Ada Fonzi *A Cross-Cultural Exploration of the Stability of Children's Friendship and the Predictors of their Continuation.* Ed. Blakwell Publishers, Canada, 1997.

[63] Campbell, W. Keith, Constantine Sedikides, Gleen D. Reeder and Andrew J. Elliott. *Among Friends?. An Examination of Friendship and the Self-Serving Bias.* British Journal of Social Psychology, Vol 39 (2), 2000, pp.234-236.

[64] Remplein, H. *Tratado de Psicología Evolutiva.* Editorial Labor, Barcelona, España, 1971. p. 128.

[65] Condon, J.W, y W.D. Crano. *Inferred Evaluation and the Relation Between Sttitude Similarity and Interpersonal Attraction.* Journal of Personality and Social Psychology 54, 1998.

[66] Coleman, J. *Friendship and the Peer Group in Adolescence.* In J. Adelson. Ed. Handbook of adolescent, New York: Wiley, 1980.

[67] Newman, P. R. *The Peer Group.* In B. Wolman. Ed. Handbook of Developmental Psychology, Englewood Cliffs: Preutica-Hall, 1982.

fuente de afecto, simpatía, comprensión y punto de apoyo para lograr la autonomía e independencia de los padres y para enfrentar las nuevas experiencias. Las amistades cumplen en la etapa de la niñez y la adolescencia variadas funciones, en el desarrollo de habilidades sociales, sentimientos y como ayuda en la definición de la autoestima y la identidad.

Es preciso señalar que las diversas funciones que cumplen las relaciones de amistad no sólo integra la subjetividad individual, sino también –con gran énfasis- la intersubjetividad lo que significa que esta última podría ejercerse de manera no-sistémica o sistémica (desde relaciones puramente cotidianas intersubjetivas hasta el cumplimiento de funciones dentro de sistemas de simple organización como un "grupo de amigos"), no-institucional o institucional (desde dicho "grupo ocasional de amigos", o desde una familia no-incestuosa hasta el Estado) amen de que se desarrollen en su base la subjetividad y el sujeto como elementos que se encuentran en el nivel base de la intersubjetividad que es la determinante en la conformación y desarrollo de las relaciones de amistad, para que esta relación logre facilitar acciones colectivas que sustenten proyectos emergentes desde la propia interacción entre los miembros del grupo de amigos que permiten elevar su calidad de vida y por ende su propia existencia.

Para **Carolin Shantz**[68] la amistad es una demostración del sentimiento de ternura, con dos elementos importantes que están contenidos en esta relación: compartir sentimientos y consuelo. De la gama de sentimientos del ser humano, cuáles estarán presentes en el desempeño del rol de amigo o amiga? A saber: consuelo, confianza, fidelidad, refugio, comprensión, cooperación, alegría, ternura, entre otros.

En esta teoría se destaca el valor de la amistad como sentimiento, más que como valor, lo que brinda un giro hacia los procesos afectivos, no integrando la relación dialéctica entre los procesos cognitivos y volitivos que se destacan en la configuración de la personalidad del sujeto y regulan su interacción con el medio, en estrecha vinculación con la mediación que los elementos sociales confluyen para su desarrollo, en los cuales están presentes todas las representaciones sociales que sobre este tipo de relación existe en la sociedad y que se ha estado incorporando en los sujetos individuales y colectivos a través de la expresión de la cultura, la educación, la

---

[68] Citado en: Sharabany, Ruth. *Intimacy in Preadolescence and Adolescence: Issues in Linking Parents and Peers, Theory, Culture and Finding.* K.Kerns (Ed) In Family and Peers: Linking Social World, Conecticut, 2000, pp.235-239.

política y las singularidades de los contextos en los cuales los sujetos conviven.

En algunos estudios realizados[69] se pudo constatar que a diferencia de los escolares menores, los alumnos de los últimos grados delimitan bien a los amigos y a "los simplemente compañeros"; al mismo tiempo el número de amigos, por lo general, es pequeño. Entre los alumnos leningradenses de noveno grado, un 23% de los muchachos y un 29% de las muchachas tienen un amigo de su sexo, un 31% de los muchachos y un 28% de las muchachas tienen dos amigos, el 17 y 22% respectivamente tienen tres amigos y el 26 y 17% respectivamente tienen cuatro y más amigos.

La relación cuantitativa de la amistad de grupo y "muy íntima" (según la definición del psicólogo húngaro **F. Pataki**) no es igual en los diferentes medios sociales y culturales. Esta diferencia existe dondequiera. Unas personas tienden a una amistad más íntima y exclusiva, y otras a una amistad de grupo, lo que demuestra que las relaciones de amistad superan la perspectiva subjetiva individual y dependen en gran medida para su desarrollo de los símbolos y significados que se generan en la interacción, los que refuerzan las respuestas a los estímulos que son emitidos por los amigos de forma independiente o por el grupo de amigos, las cuales pueden condicionar la forma de vivir la relación de amistad.

Ahora bien, es imposible en la actualidad hablar de los beneficios de las relaciones de amistad sólo en el plano de la subjetividad individual, cuando existen teorías que estudian la amistad desde la física, tal es el caso de la pregunta que se hacen algunos investigadores[70] cuando plantean: ¿Cómo se crean las redes de amistad entre humanos? Quizás una buena aproximación sea la que han empleado unos físicos recientemente. Han comparado el comportamiento de la gente con partículas móviles que se mueven al azar y que al chocar interaccionan con otras. El resultado final se asemejaría bastante a un modelo de red social. El modelo encaja con los datos empíricos que tenemos de la estructura social, formación de grupos y evolución de la amistad, e incluso modela bien los contactos sexuales.

Consideramos que aplicar un modelo físico a la dinámica social de las personas sería reducir los numerosos factores que influyen

---

[69] Ver estudios realizados por: Kon, I. S. *Psicología de la Edad Juvenil. Capítulo VI- Los afectos entre individuos. La amistad.* Editorial Pueblo y Educación. La Habana, Cuba, 1990. pp.88-104.

[70] Ver investigación de: González, Marta C., Lind, Pedro G. and Herrmann, Hans J. *System of Mobile Agents to Model Social Networks.* Physical Review Letters #96, 088701, 2006. p. 45.

sobre los vínculos del individuo, que les permiten decidir que un conocido pase a ser un amigo, lo cual es muy difícil de representar. Sin embargo, estos físicos han usado técnicas de los sistemas físicos para modelar estas redes sociales con cierta precisión. Las interacciones entre personas se modelan en este caso basándose en cómo las partículas se unen a otras en un área cerrada y de este modo surgen de manera natural las características de la red social, lo que nos muestra que las relaciones de amistad transcienden lo individual y se gestan en la interrelación de lo individual, cultural y social que va más allá de la selección en determinados ámbitos locales, generados por la marcada importancia que para esa sociedad determinada tenga este tipo de relación, ya que no sería igual en un sistema socialista, como en el capitalista y aún dentro de cada sistema poseen su variaciones propias que parten de la influencia de la cultura en su expresión en la universal, particular y singular donde el sujeto está conviviendo.

Los investigadores, desde comienzos del siglo pasado, han estado convencidos de que las relaciones entre pares son importantes para el desarrollo de la identidad y el concepto propio entre los adolescentes. De manera similar, desde la década de los 60s cuando **Marjorie Lowenthal y Clayton Haven**[71], entonces de la Universidad de Harvard, demostraron que tener un confidente era importante para la salud mental de los adultos mayores, o ciertamente desde la década de 1970 cuando **Reed Larson**[72], de la Universidad de Illinois en Urbana-Champaign, documentara la evidente conexión entre la actividad amistosa y el bienestar psicológico, los gerontólogos han comprendido que la amistad es de gran importancia en las personas de mayor edad.

Se debe señalar que aún los investigadores no han demostrado si la amistad conduce a la felicidad o si la felicidad conduce a la amistad, porque los mismos no han estudiado repetidamente a grupos múltiples de personas nacidas en diferentes épocas conforme envejecen. Una excepción es un estudio[73] que comenzó en 1928 y siguió a los mismos participantes de diversas edades hasta 1983. En un análisis de esos datos, se encontró que durante los años jóvenes de la ancianidad, los compromisos con los amigos predicen cuánto vivirán los individuos, posiblemente porque la amistad contribuye con la felicidad y el bienestar. Más la amistad puede ser un factor que

---


[71] Citado en: Ueno, K. "The Effects of Friendship Networks on Adolescent Depressive Symptoms." Social Science Research 34, 2005, pp. 484-510.

[72] Idem anterior

[73] Citado en: Stacey J. Oliker, *"Gender and Friendship,"* in Gender Mosaics. Ed. Dana Vannoy, Los Angeles: Roxbury Press, 2001. pp. 230-243.

contribuya con la felicidad[74], pero solo como uno de los componentes, dentro de las múltiples determinantes que en el orden dialéctico de la complejidad de la vida del ser humano se manifieste.

También es necesario analizar la complejidad de las relaciones de amistad como fenómeno social y por ende nos sustentaremos en algunas investigaciones en el plano sociológico que hemos encontrado en la literatura científica sobre esta temática, debemos reconocer que los aportes sobre las estructuras de la sociedad y sobre la importancia de las relaciones de amistad en el plano social.

Los primeros sociólogos en establecer algunas inferencias sobre las relaciones de amistad fueron **Durkheim** y **Simmel**, los cuales representaron las relaciones de amistad desde la perspectiva microsocial. Plantea **Simmel**[75] que el hombre moderno es incapaz de mantener una amistad en el sentido que tenía en la antigüedad. La forma actual de pensar y vivir genera amistades diferenciadas, lo que conlleva a tener distintos amigos para satisfacer intereses y desarrollar actividades concretas. "La amistad se basa en la intimidad total, en el pleno conocimiento recíproco. La falta de intimidad es especialmente cierta en las relaciones de amistad de las sociedades modernas diferenciadas"[76].

Se aprecia que **Simmel** discursa sobre los modos de expresión de la amistad en su dirección teleológica, sin embargo incurre en el error de soslayar las posibilidades que tienen las relaciones de amistad en la superación de los beneficios materiales e intereses económicos, o la adquisición de ganancias secundarias –que no sean las del propio bienestar que genera y desarrolla la amistad entre sus miembros en la relación para sí- para, a partir de la génesis de la misma con estos objetivos, potenciar el propio carácter recíproco, leal, sincero y vincular que propicia cambios en los sujetos, superando el momento inicial por el cual se genera la necesidad de la amistad, así como las representaciones sociales que se poseen sobre cómo debe ser un amigo, las cuales cambian en dependencia del medio sociocultural en el cual se desenvuelvan los sujetos.

Este mismo autor realiza una comparación entre las amistades de la antigüedad y la actualidad, olvidando los factores de cambio social y confundiendo la posibilidad de gestar relaciones de amistad,

---

[74] Término bastante polémico en la literatura científica, que no define un concepto universal para su comprensión y que es utilizado para enajenar la vida cotidiana de los seres humanos. El cual fue introducido en el análisis social a partir de las teorías sociológicas burguesa.

[75] Citado en: A Vázquez de Prada. *Estudios sobre la amistad.* Ed Mayor. Madrid 1956. p.34.

[76] Ver Simmel George. *El secreto y las relaciones sociales.* En Teorías Sociológicas Clásicas de George Ritzer. Editorial Mc Graw Hill. Madrid, España. 2001. pp. 347-349.

como el ideal creado sobre la misma en la antigüedad, aspecto que la actualidad ha superado al mostrar que el sujeto, su subjetividad e intersubjetividad son complejos. Esto se puede visualizar en la problemática que se genera entre los adolescentes, cuando al comienzo de la amistad esta puede ser de utilidad para solucionar determinadas tareas asignadas por la escuela o propuesta por el grupo de iguales, donde demostrar las capacidades y habilidades sociales constituye la posibilidad de adquirir un determinado estatus en el grupo y por tanto un reconocimiento ante los demás. Hablar de semejanzas entre las manifestaciones de las relaciones de amistad en la antigüedad –según fueron planteadas por  los clásicos estudiosos de este tipo de relación– y de la actualidad, sería ubicar el ser humano y la sociedad en un mismo nivel de desarrollo que no evolucionará de forma dialéctica, sino mecánica.

En el caso de **Emile Durkheim**[77] hace referencia a las relaciones de amistad como el complemento del ser humano que fue extraído por la división social del trabajo y que este tipo de relación lo que puede lograr es ayudarnos a descubrir en nuestros amigos las cualidades que nos falta. Aquí se mistifica el amigo como el portador del complemento *sine qua non*  para lograr convertirse en un ser humano perfecto que pueda generar acciones determinadas en la solución de las problemáticas que en su devenir histórico concreto se les presenten y por lo tanto se sobrevaloriza la necesidad  de las relaciones de amistad en este sentido.

Consideramos que si hay un tipo de contacto o interacción que pueda conducir a extender el entendimiento, la confianza y la solidaridad de forma inductiva, esto es de casos particulares a la generalidad, se trata de las relaciones de amistad, ellas a la vez dependen de otras mediaciones subjetivas y sociales que interfieren en todo proceso de desarrollo del ser humano, entre las que se encuentran las representaciones sociales la amistad, las complejas asignaciones que poseen el rol de amigo y que son asimiladas a través de la incorporación de las pautas de aprendizaje que en la familia, la escuela y los grupos informales se enseña al niño y que devienen en formas de comportamientos asumidos acríticamente, los cuales identifican las maneras en que se comportan posteriormente adolescentes, jóvenes y adultos en sus relaciones con los otros miembros de los diferentes grupos a los que pertenecen, así como su conducta para con el amigo o amigos, y por ende de su manifestación en las esferas de actuación en

---

[77] Ver las concepciones de Emile Durkheim citado en: Briger, R. y Robert J. M. *Solidarity and Social Networks*. En P. Doreian y T Farraro. *The Problems of Solidarity. Theories and Models Amsterdam:* Ed Gordon and Breach, 1998. pp.239-240.

que el sujeto se desempeña, donde podría facilitar procesos subjetivos y objetivos que se realicen con respecto a una tarea o proyecto conjunto.

Otros de los autores que privilegia esta perspectiva sociológica es el inglés **Lewis**, el cual comenta cómo grandes movimientos culturales, políticos y hasta religiosos han nacido de grupos de amigos, en este sentido –"los amigos de Jesús", por ejemplo- sin dejar de subrayar que también un mismo odio o animadversión activo genera amistades que multiplican así la capacidad del mal. En realidad el interés especial, gusto o visión de la vida que está en el origen de la amistad y que, según él, la sostiene, puede ser cualquiera, sin limitación ninguna, "aunque sea una afición por el dominó o por las ratas blancas"; basta con que sea compartido en el encuentro cotidiano con otros.

Consideramos, que este autor sobredimensiona el papel del grupo de amigos en los movimientos políticos, etc, dejando a un lado los factores sociohistóricos y económicos. La amistad no es en rigor el cultivo incesante de una afinidad o afición, sino el encuentro personal o grupal con la persona o los miembros del grupo, que en esa afinidad han revelado una intimidad desde múltiples facetas, dimensiones y encrucijadas, donde la relación de amistad conocerá, explorará y contribuirá a matizarse ella misma. A veces la afinidad en cuestión se debilita y la amistad no sufre en la misma medida (piénsese en los amigos de la infancia y la juventud al cabo de los años), o, al revés, existen afinidades muy marcadas de las que no brota amistad, y desde luego las amistades antiguas y verdaderas se hacen crecientemente personales, cada vez más y más lejos de un "diálogo de especialista", lo que nos ubica, a la hora de hacer un análisis dialéctico en el estudio de las relaciones de amistad, en la posición de rescatar un poco la epistemología del encantamiento y descartar la epistemología de la distancia[78].

Se Puede concluir que existen en las diferentes teorías, cuestiones que se deben tener en cuenta para estudiar las relaciones de amistad y otros que desde nuestra concepción debemos desechar, más concretamente se puede decir:

---

[78] Ver Esteban, Rossana. *La Epistemología del Encantamiento*. Revista Cinta de Moebio. Noviembre No 5, 1999. Facultad de Ciencias Sociales. Universidad de Chile.

## Cuestiones a  tener en cuenta para su estudio:

- Las relaciones de amistad reflejan las normas  y los valores socialmente establecidos.
- Las relaciones de amistad juegan un papel importante en el proceso de socialización.
- Los amigos satisfacen necesidades estando juntos.
- El balance del coste beneficio de la amistad suele ser siempre positivo.
- Es un tipo de relación voluntaria.
- La importancia de los elementos de reciprocidad en la gestación y desarrollo de las relaciones de amistad.

## Cuestiones a no tener en cuenta para su estudio:

- La designación de relaciones de amistad ideales, basadas en la virtuosidad del sujeto.
- La subvaloración de los elementos afectivos por los cognitivos y volitivos en las relaciones de amistad.
- El privilegiar la cercanía o proximidad como elemento esencial en el origen y desarrollo de las relaciones de amistad.
- La necesaria semejanza entre los amigos para conformar las relaciones de amistad.
- La divinización de las relaciones de amistad.
- Las concepciones clasistas y clasificatorias en el estudio de las relaciones de amistad.
- El insuficiente tratamiento de las relaciones de amistad en su relación con el trabajo social y comunitario.
- El insuficiente tratamiento de las relaciones de amistad en su manifestación grupal.

# Capítulo III.

**¿Puede constituir la actividad lúdica una herramienta para potenciar las relaciones de amistad y el conocimiento de la historia en los niños de nuestros contextos educacionales?**

**Yorkys Santana González.**

*Profesor de Psicología, Universidad de Oriente. Santiago de Cuba, Cuba.*

## Introducción.

Las relaciones de amistad pueden potencian algunos de los valores que constituyen objetivos de la Educación en Cuba, digamos la cooperación, ayuda mutua, el compañerismo, el colectivismo, el respeto hacia el otro, entre otros.

Entonces será posible pensar, cuán necesaria sería potenciar acciones concretas que coadyuven al aumento de las relaciones de amistad en los niños; cuán necesario sería implementar acciones lúdicas concretas que incrementen en los niños el conocimiento acerca de nuestra historia. Elementos propicios y determinantes en cada formación y conservación de la situación política e ideológica de nuestro país y sus ideales humanos.

Muchos maestros y profesores se han dado a la tarea de buscar alternativas que puedan lograr enfrentar retos sobre incorporar en el aprendizaje, la coherencia, en cuanto a la forma de trasmitirlo a los niveles de enseñanza primaria, como cualidad de todo el proceso educativo posterior del hombre.

En nuestra época se ha privilegiado la resolución de conciliar estrategias de aprendizaje que permitan a los estudiantes y/o alumnos incrementar su potencial cognitivo, a partir del análisis, síntesis y generalización del pensamiento.

Con este trabajo nos proponemos *presentar una estrategia de intervención lúdica para potenciar el desarrollo de las relaciones de amistad y el conocimiento de la Historia, en niños, como sujetos de los sistemas educacionales.*

Partimos de los presupuestos de que en cada escuela de enseñanza primaria están creadas las posibilidades de crecimiento a partir de la interacción entre los alumnos y los mismos con los maestros, lo cual repercute positivamente en la implementación de la estrategia de intervención y se cumplimenta la materialización del proyecto.

En segundo lugar el niño requieren de la actividad lúdica para el desarrollo adecuado de sus acciones volitivas y cognitivas, las cuales son transversalizadas por los afectos, que notifican la medida del desarrollo de su personalidad y los fenómenos, procesos y estados psicológicos que se generan en esta interacción humana, empero, imprescindible para la formación del hombre de la nueva generación que un proyecto social y educacional justo quiere formar.

En tercer lugar reconocemos que la actividad lúdica posibilita acciones que como factor movilizador, modificador, transformador y descubridor, genera nuevas expectativas en niños, que inciden en su apertura a los demás y socialización adecuada para el logro de la adaptación al medio en el cual establecen sus vínculos confraternales.

**Desarrollo**

*La influencia del juego en el desarrollo psicológico de los niños.*

El juego ha significado para el hombre una estrategia de socialización, por ello podemos decir  que es inherente al desarrollo de la personalidad. Uno de los más practicados por los niños es el "juego de roles" (Rolplay Game), este le permite adentrarse en otras realidades y asimilar normas de conductas particulares de determinados grupos. Así como interactuar con personajes reales y ficticios de determinadas regiones o períodos históricos.

A partir de los años del 1960 aparece en la escena un tipo de juego de tablero en los que se desarrollaban acciones de simulación estratégica, la búsqueda detectivesca, el análisis de los amigos y enemigos y el combate. En estos juegos podían participar de 5 a 6 jugadores generalmente estudiantes y cada uno de ellos debería construir un personaje de acuerdo a un conjunto de reglas planteadas en una historia principal.

Uno de estos tipos de juegos denominados "Calabozos y Dragones", aún hoy en día uno de los más conocidos, está inspirado en la cosmogonía planteada en los libros de J.R Tolkien. "El señor de los anillos", "El Hobit" u otros. Esta experiencia inicial se tradujo en aportes a la promoción de lectura de la literatura de temática medieval, las historias de aventuras, la magia, el rescate u otras.

Actualmente existen algunas experiencias en la escuela europea y norteamericana en referencia a la educación en valores usando como herramienta los juegos de roles y reglas. La esencia es tratar de recrear la historia introduciendo elementos como la improvisación, la narración oral, el intercambio y apoyo mutuo, el trabajo en colectivo y la dramatización. Muchos aspectos del desarrollo de la cultura europea y norteamericana han sido mostrados a través de estos juegos y muchos ejércitos han sido enaltecidos en batallas simuladas en su afán de dominación y expansión territorial.

Hoy en día en el mercado encontramos tres tipos de temas en los juegos.

- Los juegos de ficción.
- Los juegos futuristas.
- Los juegos de Historia.

Los primeros hacen referencia a los juegos que potencializan la ciencia ficción en el conocimiento de otros planetas irreales, la actuación de seres extraterrestres que llegan y aspiran dominar la Tierra y exhorta los ánimos de lucha por conservar la especie humana.

Los segundos nos transmiten el criterio sobre el futuro cercano o lejano y las cuales despiertan las ansías de conocimiento y pronostico sobre ese futuro que se juega.

Los terceros complementan más el desarrollo de la personalidad de los niños porque generan conocimiento de las raíces, de las costumbres e idiosincrasias y la conformación de los valores de identidad y pertenencia con la sociedad y su sistema imperante.

Estos juegos han logrado penetrar en la mente de los niños a través de la comercialización de las computadoras, y los programas de multimedia. Dejando un espacio para la preparación de los mismos en el manejo de las nuevas tecnologías de avanzada y el avance en la calidad de su utilidad.

Encontramos también juegos como la *"Era de los Imperios"* y *"Conquistadores"* que consisten en la creación de imperios a partir de la conquista y devastación de civilizaciones enteras en los que se estimulan antivalores tales como la traición, y la acumulación de riquezas, aspectos que deterioran la proyección futura de estos niños y actúan como un bumerán en las conformación y asimilación de los valores que se educan en los sistemas educativos de los diferentes países.

Lo ideal constituiría la promoción de la lectura de la Historia, de cualquier país, como respuesta a una cultura de conquista, emancipación y explotación por más de cinco siglos, lo cual enaltecería, en el juego, las batallas de nuestros ejércitos, la resistencia de la patria y las luchas que se sucedieron para lograr la libertad y la creación de una sociedad más justa, noble y soberana. También desarrollaría la destreza de la lectura y el acercamiento a una cultura de la investigación histórica, el conocimiento de las actividades políticas, sociales y culturales que transcendieron a nuestros antepasados y sus batallas por el logro de la independencia, así como el fortalecimiento de las relaciones de amistad en el intercambio que se produce durante el juego.

Cuando hablamos de conocer la historia hacemos referencia a fortalecer el sentido de pertenencia de la nueva generación, aspecto que permitirá identificar una historia propia llena de acontecimientos, valores y personajes que nos determinan como nación, como pueblo, con una identidad constituida y creada bajo los preceptos de la lucha y la conquista rebelde y soberana.

En los juegos de historia, que se transmiten a nivel internacional, siempre hemos sido víctimas de variados métodos en el intento de dominación de las masas, estos métodos van desde la conquista violenta, hasta las sofisticadas estrategias de manipulación en las que se ponen en práctica elementos de las más avanzadas tecnología como el cine, la televisión y los videojuegos.

Estos últimos han ganado proliferación en la población mundial, y aunque no representan en nada los valores universales de la convivencia social y mucho menos los históricos que sostienen la identidad de los pueblos latinos, si introducen constantemente acciones que generan actitudes hacia el consumo y la proliferación de las actividades capitalistas e imperialistas, que determinan el poder, la ambición y el placer de ganar, subordinando el respeto, la comprensión, el intercambio, la asimilación de errores y rectificaciones y la aceptación de los contrarios.

Valdría la pena preguntarse: ¿es imprescindible diseñar un juego para contribuir al desarrollo de un niño más identificado con sus valores históricos y patrios?

¿Es necesario crear una metodología que responda a la implementación de acciones concretas para potenciar actividades lúdicas que determinen el desarrollo de las relaciones de amistad en los niños de nuestra sociedad?

Podríamos partir del hecho que la actividad lúdica es un elemento clave en el proceso de socialización del niño, en la formación de valores culturales, éticos, estéticos y la comprensión de las normas sociales, donde se puede mezclar el teatro, la narrativa oral y la investigación.

En el caso de los niños de edad escolar, la actividad lúdica se amplía y complejiza y continúa con el desarrollo del juego de roles, aunque cambia en relación a la duración del mismo, los temas que aborda y los contenidos de éste. Aparece, además en esta etapa, el juego de reglas.

**El juego de roles** cambia en cuanto a su duración, ya que los niños pueden permanecer jugando durante mucho tiempo, o por el contrario, no invertir mucho tiempo en el juego o simplemente no jugar, aún cuando no tengan ninguna otra ocupación ni actividad que realizar.

Por otra parte, los temas que se incluyen en el juego de roles del escolar resultan más variados y trascienden la experiencia directa del niño, lo cual no ocurría en la etapa anterior. A los representantes del sexo masculino, les gusta representar profesiones heroicas como aviador, policía o bombero; mientras que a las hembras otras profesiones como doctora, maestra, etc.

En relación con el contenido del juego de roles, el escolar va a representar no sólo cualidades valiosas de otras personas, sino que incluye en el contenido sus propias cualidades, lo cual va a influir de manera importante en la formación de la autovaloración del escolar.

**Por su parte, el juego de reglas** surge y comienza a desarrollarse en esta etapa. Dentro de estos juegos se incluyen todos aquellos en los cuales el escolar tiene que seguir determinadas normas para el desarrollo del mismo, siendo algunos ejemplos el juego de bolas, las damas, parchis y los escondidos. Estos juegos son practicados por los niños con sistematicidad, constituyendo un factor que influye en su desarrollo moral, dada la sujeción de la conducta del niño a determinadas normas.

En este tipo de juego podemos diferenciar la conciencia de la regla por parte del niño o la práctica de la regla por parte del mismo, y estas normas son la base para fomentar el apoyo y respeto por el amigo y las diferencias que surgen en la relación con el mismo.

La conciencia de la regla se refiere a la forma en que los niños se representan el carácter sagrado de la regla (eterno, inmutable) o decisorio (por acuerdo de la sociedad infantil) de esta, su heteronomía o autonomía. En la edad escolar, la regla es considerada como sagrada e intangible, de origen adulto y esencia externa, y toda modificación constituye una trasgresión. Este respeto unilateral va disminuyendo a finales de la etapa.

Por otra parte las relaciones infantiles suponen interacción y coordinación de los intereses mutuos, en las que el niño adquiere pautas de comportamiento social a través de la actividad lúdica. En esta etapa escolar durante el juego, el niño entra en contacto natural con los demás niños y este desarrollo va incorporando nuevas formas de conductas, normas y reglas. De esta manera el niño va pasando por sistemas sociales de mayor complejidad que influirán en sus valores y en su comportamiento futuro. Con este  juego se fomenta el debate, y la discusión como elemento de comunicación y consenso, en el momento de resolver los dilemas morales. Dilema moral, en el que están implícitos los valores.

Algunas teorías señalan que el individuo aprende a comportarse en sociedad a través de premios y castigos (conductismo de **Watson**), otras teorías hablan más de las variables cognitivas y afectivas del pensamiento en la comprensión de reglas cognoscentes, a este proceso de diferenciación entre lo aceptable e inaceptable, comprensión y aceptación de las normas se le llama Socialización.

Esta asimilación de las normas condiciona un respeto y adaptación a la sociedad y una preparación de los argumentos que se dispondrán en su futuro, porque las  normas sociales señalizan los comportamientos esperados en una sociedad o grupo dado y representan la exigencia a seguir un determinado patrón comportamental. Éstas se transmiten de generación en generación a la par de las costumbres y las tradiciones, conjuntamente, con el objetivo de preservar el orden social se prescriben y trasmiten también los modos de sanción a adoptar ante la violación de las mismas, los medios para sancionar la conducta desviada, que se detecta, entonces, a partir de la violación de estas normas, lo que permite que se estructuren relaciones de amistad basados en la solidaridad, comprensión, aceptación de los caracteres del otro y reacción de apoyo mutuo entre los miembros que desempeñan el juego.

Con relación a la práctica de la regla (forma en que los niños la aplican en el juego) surge la necesidad de la comprensión y el control mutuo, así como de ganar acatando reglas comunes. No obstante, aún las reglas no se dominan en detalle y por esto tiende a variar, tratando los niños de copiar en el juego al más informado.

Con la actividad lúdica en los niños se pueden lograr las condiciones para un mejor desarrollo de las capacidades educativas y prevenir las consecuencias que pudieran generar las diferencias entre las necesidades educativas de los educandos y las respuestas de los sistemas educativos; (adaptación inicial a la escuela, detección precoz de alumnos con necesidades educativas especiales, estimulación y procesos dirigidos a permitir a los alumnos afrontar con progresiva autonomía las exigencias de la actividad educativa, etc).

Pues como dijese **Vigostki**[79] la zona de desarrollo próximo permite el incremento de la asimilación de los contenidos impartidos en los sistemas educativos y la inserción al medio social en sus múltiples alternativas del desempeño generacional y las relaciones interpersonales. Por lo que el juego potencia las relaciones de amistad que pueden servir como pautas para fomentar grupos de trabajo en las aulas que cedan a la incorporación y adecuación del contenido de estudio de las diferentes asignaturas.

### *La influencia de las relaciones de amistad en niños para el desarrollo de su personalidad.*

Se espera que el individuo alcance el status primario, que asuma una independencia que le permita expresarse personalmente y dirigirse hacia roles y metas de acuerdo con sus habilidades y posibilidades ambientales[80].

En el caso de los niños de edad escolar la amistad se define por la cooperación y ayuda recíprocas ya que los amigos se perciben como personas que se ayudan una a otras para lograr objetivos comunes. El avance de la capacidad de "descentración" (entiéndase: ponerse en el punto de vista de los otros) concede al niño la posibilidad de analizar, comprender y apreciar no sólo las conductas manifiestas de los otros, sino también las intenciones, los sentimientos y los motivos que los mueven, y comprender que pueden ser distintos a los suyos. Esta descentración cognitiva permite al niño entender las relaciones, basándolas en la reciprocidad: yo evalúo el comportamiento de mis amigos conmigo, pero ellos también evalúan cómo me comporto con ellos. La posibilidad cognitiva de realizar evaluaciones recíprocas confiere un nuevo carácter a las relaciones de amistad: se empieza a considerar que la confianza mutua y la ayuda recíproca son los pilares para el mantenimiento de la amistad[81].

A estas edades, los niños que más amigos tienen son aquellos que más ayudan, aprueban a los otros, prestan atención y cariño a sus compañeros y acceden con gusto a sus peticiones, mientras que los más rechazados son los que se niegan a colaborar, ignoran a los demás o los ridiculizan, acusan y amenazan.

---

[79] Citado en: Rogoff, Bárbara. Aprendices *del pensamiento. El desarrollo cognitivo en el contexto social.* Barcelona, España 1993. p.32-36.

[80] Montenegro y Guajardo. *Psiquiatría del niño y del adolescente. En Conferencia de* Santiago Salvador, 1994. Universidad de Chile.

[81] Ortiz Alcaide, Natalia. *Relaciones de Amistad.* Editorial GIBRALFARO. Revista de Ciencias Humanas, Año I, Número 10. Junio de 2003

En este momento evolutivo, las amistades se entienden como relaciones más duraderas y menos frágiles que en la etapa anterior, debido a que se desarrollan con mutuos actos de ayuda y manifestaciones de buena voluntad que tienen lugar a lo largo del tiempo y se continúan desarrollando aun más en la etapa adolescente.

Ya en el caso del niño de 10 a 11 años estructura las actitudes y pautas de comportamiento adecuadas para ocupar un lugar en el mundo de los adultos[82]. Se produce la maduración social, puesto que el individuo logra incorporar las relaciones sociales y sus esquemas, comprendiendo de esta manera la importancia del orden, la autoridad y la ley[83]. La relación con los otros es más sincera, y no se busca como un medio de referencia para conocerse a sí mismo, sino con un verdadero interés por su valor personal, incluyendo la ayuda y sacrificio si lo necesita[84].

Este se motiva a la acción solidaria, posibilitado por los nuevos sentimientos de altruismo, empatía y comprensión, lo que le provoca una gran satisfacción, y logra el anhelo de ser importante; estos afanes solidarios comúnmente se desarrollan en conjunto con otros niños de ideas comunes, dando lugar a las relaciones de amistad y sus valores intrínsecos[85].

A medida que el niño va creciendo, va disminuyendo el número de amigos, pues va buscando características afines; se hacen más estables en el tiempo e íntimas; también aparecen las amistades con el sexo opuesto[86]. La capacidad racional desarrollada junto con la objetividad lograda, permite que las tensas relaciones con los padres y profesores se relajen, admitiendo sus influencias, dependiendo del valor objetivo de su opinión, dándose incluso la relación de amistad con uno de los padres[87]. Lo cual puede ser una fuente de apoyo para implementar estrategias que permitan pautas educativas y de relación, para con los coetáneos.

Por ende se hace necesario diseñar una estrategia que permita a los niños potenciar sus relaciones de amistad y el conocimiento de la historia.

---

[82] Hurlock, E. *Psicología de la adolescencia.* Editorial Paidós, Madrid.1980.

[83] Remplein, H. *Tratado de Psicología Evolutiva.* Editorial, Labor. Barcelona. España. 1991.

[84] Ibídem anterior pp.23-26.

[85] Craig, G. *Desarrollo psicológico.* Editorial Prentice Hall. 1999.

[86] Ibídem 79. pp 16-19.

[87] Ibídem 82. pp 27-29.

***Estrategia para la implementación de la actividad lúdica como potenciadota de las relaciones de amistad y el conocimiento de la historia, en el sistema educativo de niños cubanos.***

*Idea original de la estructura.* José G. Rodríguez  y Rafael  E. Ariza

Es importante hacer un alto para señalar que el desconocimiento de la historia del país es una problemática que repercute en la conciencia social e individual de cada sociedad y puede constituir un determinante en la ausencia de la identidad, pertenencia con el sistema, el medio y la sociedad en que el sujeto se desempeña, además de evitar la creación de valores favorables en la defensa y comprensión de acciones políticas, sociales e ideológicas que se generan en las instituciones y el gobierno, del país en cuestión. Por lo que resulta necesario implementar acciones lúdicas que permitan generar el conocimiento de la historia y que sea de fácil comprensión, motivación y asimilación para estos niños.

Esta actividad lúdica (juego) es de fácil comprensión y asimilación por parte de los educadores y educandos, la cual no necesita materiales inalcanzables o de gran magnitud económica para su implementación. A continuación indicamos la estrategia para su implementación.

### Estructura del juego.

El juego consta de dos partes fundamentales en su estructura esencial, la cual se divide en La guía y el texto histórico.

### La guía.

Indica las normas que regulan las acciones de los participantes, las situaciones que se presentan y la resolución de problemas. Esta guía establece parámetros que dan formas a la dinámica grupal que potencializará  en cada instante el desarrollo del texto histórico. En la guía se revisan los aspectos fundamentales en cuanto a las "Partidas" o "Sesiones". Entre estos elementos tenemos:

**Los personajes jugadores.** Ejemplo. Son los participantes los que los  crearán a partir del conocimiento de una parte de la historia y adquieren su propia personalidad.

**Los personajes no jugadores.** Ejemplo. Estos participantes son introducidos al juego a través de un Director. Estos tienen un papel fundamental ya que sirven de orientadores, además de catalizar las acciones de los personajes jugadores.

**El Director.** Ejemplo.  Entre los participantes uno de ellos debe fungir como director del juego (al principio es bueno que sea el docente que tenga experiencia en Historia), le corresponde a él recrear la historia a través de la narración oral, mostrar el contexto  y las diferentes alternativas de acción que tienen los personajes jugadores. El director es los sentidos, los ojos, oídos, tacto… que le permite a los participantes ponerse en contacto con la realidad del juego. Es decir la historia narrada.  La idea es que en el salón de clases se estructuren equipos, todos tengan la oportunidad de pasar a cumplir ese papel. Sólo se necesita incentivar la creatividad, capacidad narrativa, habilidad y las reglas del juego, características que se desarrollarán durante la práctica continua.

**La dinámica.**  Ejemplo. Consiste en desarrollo del juego, enmarcado en el contexto histórico que va desde una época determinada hasta otra de carácter relevante para nuestro País, en cuanto a la lucha por la liberación de la nación. Los elementos fundamentales que sostienen la dinámica son los siguientes:

- La búsqueda o trabajo de indagación con los libros, los manuales de historia, que permitan descubrir los elementos necesarios para que el equipo pueda ganar.

- El periplo  o viaje de los personajes. Los viajes que se pueden hacer por los caminos de la historia y dentro de lugares relevantes que se recreen en el juego.

- El combate. Que debe de poseer como características el uso de las armas convencionales que se usaron en la lucha por la independencia  y la estrategia de guerra que es más importante que los propios utensilios de guerra.

- El trabajo cooperativo. Se debe trabajar en cada momento a la ayuda mutua, cooperación, intercambio, búsqueda, entrega de datos entre los participantes del equipo, etc.

**El combate.**  Ejemplo. Es el elemento principal, la historia central del juego es la guerra independentista, por lo tanto deben existir dos bandos bien definidos. El de los dominantes que luchan por perpetuar el dominio y la hegemonía y el de los patriotas que luchan por la tan anhelada independencia. Para no representar la violencia de los combates se realizará una "batalla de ideas" en las que se pueden presentar:

- Dilemas Morales.

- Análisis de pensamientos de los próceres de la revolución que se está defendiendo.

- Trabajos o tareas.

- Los participantes superarán los obstáculos en la medida en la que puedan responder a las preguntas o realizar las tareas o trabajos determinados.

- En el análisis del pensamiento histórico de los libertadores del país. Se tomará un pensamiento y se responderá a una pregunta, se determinarán los valores o se buscará la relación con la actualidad. Esta labor sumará 2, más la Destreza en la búsqueda (D).

### La creación del personaje.

- El personaje será creado y representado por el participante y para ello se tomará en cuenta dos factores:

1. La etnia, entre las que tenemos al blanco criollo, blanco peninsular, aborigen, mestizo y el negro.

2. La categoría, es el modo en que se gana la vida el personaje. Entre estos tenemos al campesino, comerciante, brujo, esclavo, y sacerdote.

- Las pericias. El personaje en cada sesión irá ganando habilidades (nadar, escalar, montar a caballo, etc).

- Los valores. Cuando se realiza una determinada tarea, se analiza un pensamiento, o se discute un dilema moral, el personaje desarrollará determinados valores.

### *Para crear un personaje.*

- Se escoge una etnia y una categoría. Se le da un nombre, peso, estatura y edad.

- Se lanzan 2 dados para determinar las características físicas e intelectuales. Por ejemplo para determinar la destreza se lanzan dos dados de 6 caras y si obtenemos 6 + 4 el puntaje de D será de 10 puntos, y así con las demás características mencionadas anteriormente.

- Los puntajes de vida (PV) se obtienen multiplicando por 2 la constitución física.

- El Director le asigna un motivo y una misión personal.

- Se le asignan objetos, animales, utensilios, etc.

- El participante debe investigar con ayuda docente acerca de las características del personaje y su época.

### *La hoja de creación del personaje.*

Esta es una panilla que irá siendo llenada por el participante en el proceso de creación de su personaje. En estas se anotarán los rasgos, valores, principios y desarrollo evolutivo que se producen en el personaje, así como pericias y nuevas habilidades.

**Las sesiones**: en un salón de clases se pueden estructurar 6 ó 7 equipos, cada uno debe tener un director, que guiará el juego con asesoría del maestro. El texto histórico será elaborado por el docente y presentado al master con anticipación. El tema puede ser discutido en clases en la semana y los jueves un espacio de 45 minutos se puede dedicar a la implementación del juego. Para desarrollar el texto histórico se pueden tomar de 4 a 5 sesiones, en dependencia de la complejidad del problema a resolver en el decursar histórico.

### El texto histórico.

Consiste en un texto que muestra la historia general, el contexto social, cultural, económico y político de la época tratada, en dependencia del caso de cada país y su situación geográfica. Las etapas de la independencia de cada contexto histórico o el seleccionado específicamente para su debate y se determinaran las situaciones que encaminarán las aventuras que los personajes vivirán.

Este texto histórico muestra a su vez situaciones más específicas, escenarios que presentan varios escenarios que presentan varias alternativas de acción, en las cuales deben ser resueltos problemas, evadiendo obstáculos o realizando acciones de enfrentamientos de los ejércitos o fuerzas de liberación. Un docente puede tantos textos históricos como su imaginación le permita, siempre y cuando se respeten los acontecimientos reales.

El texto histórico va adquiriendo sentido en la medida que se implementa, a través de la narración oral del director, de las acciones y de los ejemplos.

### *¿Cómo estructurar el texto histórico?*

El docente debe preparar el texto histórico presentando las situaciones que deben ser resueltas. Por lo que se debe tener en cuenta los siguientes elementos:

- La historia central, el contexto y los principales acontecimientos que se sucedieron en estrecha relación entre ambos.

- Presentar las situaciones en el orden en que serán desarrolladas.

- Determinar las tareas, preguntas, así como los dilemas morales que se puedan encontrar en las diferentes situaciones.

- Presentar las diversas alternativas de acción de los personajes de acuerdo al ambiente.

**La aleatoriedad.**

Para dar fluidez a las acciones de los personajes, sin establecer una rigidez extrema en el desarrollo de las mismas, se utilizarán los dados. Esto incide en evitar que los resultados dependan en un 100% de los personajes jugadores o el director.

*Ejemplo del desarrollo del texto histórico.*

Director / Pedro. "...estamos a punto de iniciar un viaje a través de nuestra historia, para conocer los personajes que han marcado pautas en la gesta libertadora de nuestro país..."

Mis palabras serán las que guiarán esta interesante travesía, pero tú debes escoger, decidir tus propias acciones mientras te muestro todas las posibilidades. Aquí va la primera pregunta:

"¿aceptas incorporarte en esta interesante aventura y salvar todos los obstáculos que se te presenten en el camino por alcanzar la victoria  junto a tus compañeros?"

Todos los personajes: "Acepto".

Master "muy bien en este momento es de noche, hay un camino largo, que termina en un apequeña colina, se ve humo a lo lejos..." "... es un pequeño poblado, se oye golpes de tambores en la distancia..." "¿qué podemos hacer?"

Roberto: "...me acerco con cuidado en la dirección donde se oye la música, les pido a mis compañeros que me sigan..." " ¡Vengan!"

Manuel: "...no podemos ir, es muy arriesgado, mejor esperamos a que amanezca...".

En este caso se arrojaran los dados para probar voluntad. ¿Quién logra convencer al compañero? Cada uno lanza los dos dados y el que mayor puntaje tenga convence a su compañero.  Y así sucesivamente en las diversas acciones que se presenten.

Durante toda la participación en el juego los educadores deben ir potenciando los valores antes señalados y recociendo las amistades que se formen entre los grupos, para así ir desarrollando determinadas acciones encaminadas a que se mantengan este tipo de relación para que las mismas queden fomentadas más allá del espacio que se está viviendo durante el juego y así establecer tareas que incidan directamente en brindar a los niños la posibilidad de ir haciendo consciente cuando se están formando las amistades y cómo cuidarlas y atenderlas para que se extiendan su vínculo hacia el afuera de ese espacio que comparten en el aula.

**Conclusiones.**

- Esta actividad lúdica contribuye a potenciar el desarrollo de la formación de la personalidad de niños y adolescentes, fundamentalmente en sus relaciones interpersonales y de amistad a través de los sistemas educativos.

- Promueve el estudio de la historia de los países, elemento esencial para la formación social de cada nación y el desarrollo ideológico, la identidad, pertenencia y el conocimiento político en la misma.

- Promueve el desarrollo cultural, moral, ético y potencia los valores educativos y socioculturales que permiten el acerbo científico de la nueva generación.

- Se logra incrementar una estrategia lúdica que incide en la formación académica y la relación enseñanza-aprendizaje de los niños y adolescentes del país.

- Impulsa el trabajo en equipo, el respeto a la opinión de los otros, la apertura al otro, la crítica, la autocrítica,  la autodeterminación y el crecimiento personal de los niños y adolescentes del país.

**Algunas recomendaciones necesarias para implementar esta actividad lúdica.**

- La guía debe ser elaborado con un lenguaje sencillo ya que está dirigido a niños de edad escolar y adolescentes            .

- No debe ser muy extenso, ni debe contener  un exceso de normas. Las mismas son recomendables que las elaboren los docentes que trabajaran el texto histórico.

- Se pueden diseñar tarjetas de diferentes colores para las preguntas, dilemas morales y tareas que se asignaran durante la travesía.

- Es recomendable realizar un estudio piloto en grupos de 5to y 6to grado de escolaridad y 7mo, 8vo de secundaria básica.

- Se podría trabajar con recursos nemotécnicos como la música, los dibujos, mapas pequeños sobre los territorios de las batallas, etc, que permitan ambientar las sesiones de trabajo.

# Capítulo IV.

**La influencia de la expresión de los roles de género en el desarrollo de las relaciones de amistad en nuestra sociedad cubana.**

**Yorkys Santana González.**

*Profesor de Psicología, Universidad de Oriente. Santiago de Cuba, Cuba.*

En nuestra sociedad existen diversos roles que han sido pautados por ésta, o sea, los roles sociales, los cuales son hasta cierto punto impersonales, ya que la persona actúa representando determinada clase o grupo social. Ejemplo: rol de padre, maestro, hijo, esposo, amigo, compañero, vecino, etc. Pero hasta cierto punto porque existe cierto grado de libertad dado por la propia individualidad del sujeto que hace que este desempeñe el rol de acuerdo a sus propias peculiaridades y entonces ahí estamos hablando del rol interpersonal, que no es más que el estilo peculiar que tiene cada persona de interpretar y desempeñar el rol.

Rol que además, ha sido anteriormente instruido en el seno familiar, formando parte del resultado de los estereotipos sociales que están asignados a los sujetos hembras y varones y que los acompañan durante todo el proceso de socialización en su contexto histórico social del desarrollo ontogenético.

Las relaciones interpersonales que se manifiestan a partir de las interacciones entre los individuos, surgen y se desarrollan sobre una base emocional generada por los participantes y por lo que se crea a partir de la actividad conjunta que une a dichos sujetos.

Todas as relaciones interpersonales tienen una base afectiva-cognitiva, ejemplo de ello lo podemos apreciar en la relación de amistad donde la afectividad que se genera entre las personas los lleva a mantener la proximidad y la interacción, así como a encontrar en la otra persona una base de seguridad que le permite explorar el mundo físico y social, encontrar refugio y consuelo. Esta relación se puede apreciar muy bien en las relaciones que establecen los niños y adolescentes con sus pares.

Como se ha concebido, en las diferentes etapas del desarrollo, las relaciones que se producen con los coetáneos constituyen uno de los factores principales en el proceso de socialización, por la importancia que se le confiere a cada período, similarmente ocurre con la familia, los grupos informales y la escuela.

Allí también la cultura y la sociedad, mediatizan las relaciones que establecemos con los otros ya que existen expectativas sociales que pretenden moldear el comportamiento de las personas y que se transmiten en el proceso de socialización, debido a que durante todo el desarrollo ontológico del ser humano se vienen desarrollando estructuras que permiten su funcionamiento cada vez más adaptado al medio y al otro ser, que ocupa un lugar cimero en la cadena de interrelaciones y vínculos sociales que se establecen en cada contexto histórico cultural en que el niño, adolescente y joven se desempeñan y establecen sus significados y sentidos personales.

Ahora bien los roles de género se comienzan a establecer en el niño desde muy temprana edad con la predeterminación del color de ropa que usará, las acciones que deberá hacer y cuáles no, los juegos que desarrollará, las relaciones que establecerá con sus coetáneos, los gestos y movimientos que deberá desempeñar en su cotidianidad, para entonces merecer convertirse en un sujeto representativo del rol de hombre o mujer y formar parte de lo *"natural e incuestionable"*. Aspectos que posteriormente traerán resultados significativamente diferenciadores entre los sexos y que denotarán las principales problemáticas en el sentir, el pensar y el actuar de cada sujeto con su asunción y valoración crítica de la misma, en última instancia.

Los roles siguen patrones que se establecen en la historia de la comunidad y la sociedad y repercuten directamente en la génesis y desempeño de toda la gama de relaciones interpersonales que se establecen posteriormente en la vida de cada sujeto, lo cual es referido por **Vygotski** cuando plantea "…la formación y desarrollo de los fenómenos de la conciencia se suceden dentro de un juego de interdependencia dialéctica"[88], lo que nos muestra que son aspectos que se generan en la interconexión dialéctica que con el medio tenemos y los paradigmas que se suceden en ese contexto.

Por lo tanto nos permite identificar que las relaciones de amistad, como un tipo específico de relaciones interpersonales, están marcadas por estos roles de género, los cuales predeterminan posturas de comportamientos y actitudes de los niños, adolescentes y jóvenes con sus coetáneos que son mediados por las características individuales y la subjetividad, lo que resulta de un proceso cultural que corresponde a la realización de acciones donde la relación entre la cultura y la conciencia acontece a través -*y sólo a través*- de la **mediación**, de la capacidad que el individuo tiene de dotarse y de usar esas herramientas que permiten la transmisión de afuera hacia adentro y devolver al

---

[88] Vygotski, L.S. Prólogo a la versión rusa del libro de E. Thordike *«Principios de Enseñanza basadas en la Psicología»*. En L.S. Vygotski, Obras Escogidas, Vol I. Madrid: Visor. 1926. p.123

afuera[89], es decir, apropiarse de las representaciones sociales que le permiten el estándar de comportamiento en las relaciones que establecen los amigos y las amigas y devolver una forma de ser y actuar personalizada.

La amistad es además fuente excepcional para expresar nuestros sentimientos e ideas: permite compartir intereses, actividades, comparar nuestros puntos de vista con lo cual se avanza hacia nuevos y mayores conocimientos sobre aspectos comunes a nuestros intereses; a través de los amigos aprendemos a compartir, a dar y recibir, a involucrarnos en relaciones de pertenencia, de cohesión grupal; aprendemos el significado de las normas; igualmente a aceptar a los demás tal como son, respetándolos afirmando nuestros valores y creencias, ensayando y desarrollando nuestro propios estilo de vida[90].

Esto se puede apreciar en las representaciones sociales que sobre la conformación de las relaciones de amistad tienen los varones y las hembras donde se producen actitudes sobre la dificultad de establecer relaciones de amistad entre sexos diferentes, lo cual es valorado como relaciones superficiales y basadas teleológicamente en la consecución de una pareja sexual posteriormente.[91]

Aspectos que han sido interiorizados por las familias que siguen el modelo **Paterno-Materno Filial**, las cuales en la mayoría de las veces no cuestionan su posicionamiento y el malestar que generan en las propias y nuevas generaciones que se refugian en estos significados sociales que han sido trasmitidos y legitimizados por su medio social, sin cuestionamientos en su asimilación.

Es aquí donde se generan las diferencias en los establecimientos de las relaciones de amistad de los chicos y chicas cubanas, fundamentalmente en la etapa de la adolescencia, en la cual son las relaciones de amistad una de las necesidades básicas para el establecimiento de la identidad, la aceptación grupal, la comprensión a las características propias, a las ideas y sentidos compartidos; ya que los adolescentes se establecen y desempeñan con mayor frecuencia en los grupos de iguales a partir de las apropiaciones que se generan en esos espacios, siendo allí donde se comienzan a trasmitir y cambiar las

---

[89] Valsiner, J, y Van Der Veer, R. *On the Social Nature of Human Cognition: An Análisis of the share intellectual root of George Herbert Mead and Lev Vygotski.* Journal for the Theory of Social Behavior, 18. 1998. pp.117-136.

[90] Rodrigo, Juan Carlos. *Mis amigos. Mis pares o iguales.* En: http://www.encolombia.com/saludascp-mis19.htm 2004.

[91] Stevens, de la Cruz Lilia. *Las representaciones sociales de la vida sexual del hombre y la mujer cubana.* Tesis en Opción al Grado de Licenciatura en Psicología. Universidad de Oriente. Santiago de Cuba. Cuba. 1996.

diversas concepciones que los roles de género han marcado hasta el momento y que se desarrollan de forma diferente en chicos y chicas.

En el caso de las chicas podemos apreciar que en la génesis de la formación de sus relaciones de amistad están las representaciones sociales sobre el compartir las mismas cuestiones en cuanto a la belleza, la naturalidad, la suspicacia, el desarrollo de los órganos sexuales, los intercambios con los chicos de mayor edad y las libertades para expresar su sexualidad, descubrir nuevas formas de vencer los límites que ponen los padres acerca de su posible participación en relaciones sexuales coitales o la necesidad de compararse y aceptarse respecto a la sencillez, la ternura, en ellas predomina lo afectivo, son más tranquilas, se centran en la conversación y las confidencias, para ellas lo fundamental es ser popular entre sus compañeras, en fin, tener fama, así como todos los aspectos que desde el rol de mujer establece la sociedad para las adolescentes[92].

En el caso de los chicos podemos aprecia que en la génesis de la formación de sus relaciones de amistad están los factores comprendidos en la naturaleza de las habilidades físicas y fundamentalmente el culto al desarrollo del cuerpo, la valentía, la fuerza, las aventuras, los riesgos para compararse, las formas de establecer nuevas aventuras románticas y obtener mayor cantidad de chicas y establecer muchas relaciones sexuales, que prestigien su ego, las competiciones y su lugar en el grupo con los amigos, lo que determina que conformen las relaciones de amistad a través del descubrimiento de estos aspectos comunes señalados anteriormente, además de las pautas culturales que predefinen los roles que deben asumir los hombres que es la expresión fehaciente de lo esperado por los amigos y las chicas a la cuales deben conquistar.

Ahora bien, es preciso señalar que en la medida que los adolescentes van saliendo de la etapa de la pubertad pueden concebir amistades a través de grupos mixtos ya que estos cumplen una función necesaria para el conocimiento y comprensión mutua entre personas de diferente sexo. Por otra parte, el contraste y complementación entre el carácter masculino y el femenino enriquece la personalidad tanto de los chicos como de las chicas. Este tipo de amistad proporciona, además, experiencia e información útil para la posterior relación de amor[93].

---

[92]Colectivo de autores. *Programa Crecer en la Adolescencia.* CENEXES. La Habana, Cuba. 2006.

[93] Castillo, Gerardo. *Relaciones de amistad entre chicos y chicas adolescentes.* En: http://www.edufam.net/escpad/TemTrabAd.htm. 2001.

Los juegos de aproximación que se producen entre los chicos y las chicas generan comportamientos típicos de la masculinidad y feminidad que expresan relación de intercambio basadas en el conocimiento de las características de cada rol y sus representaciones sociales, lo cual constituye también parte del proceso de socialización de estos adolescentes. Por lo que es condición indispensable estos encuentros y más cuando se establecen en los grupos mixtos.

Otra percepción de estas relaciones entre los roles de género y las relaciones de amistad podemos valorarla a partir de las análisis que se han hecho con adolescentes y jóvenes en cuanto a la pregunta sobre la posibilidad real que existe de establecer una relación de amistad entre una chica y un chico; las respuestas versan sobre los siguientes análisis[94]:

- El hombre y la mujer son diferentes y cuando establecen una relación de amistad, estas sólo constituyen la base para una futura relación de pareja y no la relación de amistad en sí.
- No es posible alcanzar una relación de amistad entre dos sexos que tienen tantas diferencias y que potencialmente son seres marcados por la necesidad sexual.
- En las relaciones entre los hombres y las mujeres se pueden establecer relaciones de amistad, pero estas acaban cuando el deseo sexual se interpone.
- Se podría pensar en el establecimiento de relaciones de amistad entre personas de sexo opuestos que no se atraigan sexualmente a la hora de conformar esta relación, pero es posible que a partir de la misma interacción surja la relación sexual.

Aquí podemos apreciar que la valoración social de los adolescentes y jóvenes versan sobre la imposibilidad que conformar relaciones de amistad entre sexos diferentes significa; y esto se materializa a través de la expresión de la concepción machista que impera en nuestro medio social y en las diferencias esenciales que se establecen a partir de la asunción de los roles establecidos y aceptados de forma acrítica por los miembros de determinada sociedad, ya que se entiende perfectamente que las actitudes relacionales varían de hombre a mujer[95], pero esto no significa que no se puedan estructurar relaciones de amistad entre los sexos diferentes, debido a que en otras

---

[94] Santana, Gonzalez, Yorkys y Pilar Soteras del Toro, María del Pilar. *La potenciación de las relaciones de amistad como una de las alternativas del desarrollo social de los adolescentes cubanos.* http://www.psicologialatina.com 2005.

[95] WINSTEAD, B.A. «*Sex differences in same-sex friendships*». En DERLEGA, V.J.;WINSTEAD, B.A. 1986. (ed.). *Friendships and social Interaction.* Nueva York: Springer-Verlag, p. 81-99.242 Papers 56, 1998.

investigaciones[96] se ha comprobado que las relaciones que se establecen entre los jóvenes de sexos diferentes se desarrolla sobre la base de las relaciones de fraternidad, ayuda mutua, confianza, fidelidad, sinceridad, honestidad, compromiso, así como compartir los afectos, satisfacer necesidades con el otro y aceptación del otro, lo que nos puede afirmar que la negación se encuentra en la base del significado que socialmente tiene establecido y tomar conciencia crítica del mismo significa enfrentar ansiedades de desestructuración de *"lo que siempre ha sido, es y deberá ser"* en este tipo de relación.

En la búsqueda de comprensión, aceptación y participación, el individuo trata de compenetrarse con otros individuos y grupos definidos, con el fin de satisfacer sus intereses y aspiraciones más inmediatos. En su comportamiento influyen el ambiente y las diversas actitudes y normas informales existentes en los distintos grupos.[97] Lo que nos evidencia que es posible a través de las diferencias individuales construir las relaciones de amistad, dígase entre sujetos del mismo sexo o de sexos diferentes, pues todos somos potencialmente seres sociales interrelacionales y aún más las condiciones sociales de Cuba aumentan la posibilidad de interacción entre sus miembros.

Podemos concluir aseverando que las relaciones de amistad desempeñan un papel de canalización de los valores y las habilidades sociales que han sido aprendidas en el seno familiar y social que generan actitudes y conductas basadas en los núcleos figurativos de las representaciones sociales que se tienen sobre las relaciones que se deben establecer entre sexos diferentes. Estando en la génesis la cultura patriarcal (machista por esencia), en función de la cual se reproducen los roles masculino y femenino en un contexto de inequidad social que afecta tanto a hombres como a mujeres[98].

---

[96] Coleman, J. *Friendship and the Peer Group in Adolescence.* In J. Adelson. Ed. Handbook of adolescent. New York: Wiley. 1980.

[97] Gallaga, Netzahualcóyotl. Teorías de las relaciones humanas. En: http://www.gestiopolis.com/recursos/documentos/fulldocs/rrhh1/teorelhum.htm 2004.

[98] Arango Cálad, Carlos A. *Hacía una psicología de la convivencia.* En: http://www.angelfire.com/poetry/jaimesanchez/Psicologia_de_la_Convivencia.html 2004.

# Capítulo V.

## Las habilidades sociales y los valores en las relaciones de amistad de los adolescentes cubanos.

**Yorkys Santana González.**

*Profesor de Psicología, Universidad de Oriente, Santiago de Cuba, Cuba.*

**Leidis Hernández Figueredo.**

*Profesora de Psicología de la SUM- Jesús Menéndez, Universidad de las Tunas, Cuba.*

## Introducción

El ser humano, desde su desarrollo ontogénico, se encuentra inmerso en un sistema de redes sociales que configuran su desarrollo y sistematicidad cotidiana, en la cual el hombre y la mujer interactúan con seguridad de comprensión, aprendizaje, intercambio de experiencias y otros elementos potenciadores del bienestar y el alcance de la estabilidad y los valores que esta relación produce durante su formación y existencia.

Por ello, la profunda entrega y compenetración con los amigos y amigas, es clave en todas las etapas de la vida, pues aporta elementos necesarios para trascender a otras dimensiones de las relaciones sociales, con el fin de fortalecer el sentido de identidad, y descubrir cómo se expresa en la relación de amistad. Permite la identificación y el reconocimiento como iguales ante otras personas y aprender de ellas.

Al inicio de los años 50 del siglo XX surge un especial interés con respecto a las relaciones de amistad, a partir de la apreciación de estos vínculos como potenciadores de habilidades sociales y recursos psicológicos para el desarrollo actual y posterior de los adolescentes. **Sullivan**[99] fue uno de los primeros investigadores que comenzó a estudiar sobre las relaciones de amistad, donde consideró a la amistad íntima como el tipo de relación interpersonal más crucial para el desarrollo psicosocial de esta etapa.

---

[99] Sullivan, H. S. *Conceptions of Modern Psychiatry*. Edit, New York: Norton. 1961. pp. 154-159.

Tuvo varios seguidores, y entre ellos **Bigelow**[100], quien definió diversas categorías que estaban presentes en las relaciones de amistad de los adolescentes y que debían evaluarse en los disímiles diagnósticos que de esta categoría se hicieran.

Estas concepciones son apoyadas por las investigaciones de las últimas décadas, las cuales han contrastado que las relaciones de amistad propician un desarrollo afectivo, intelectual y social de los niños y adolescentes, debido a que les permiten adaptarse mejor al medio[101].

Las mismas deben realizarse con el fin de potenciar valores como: la sinceridad, la lealtad, la solidaridad, colectividad, flexibilidad, y el respeto al otro; además de formar habilidades sociales como: la comunicación, apertura al otro, ayuda mutua, reconocimiento y aceptación de la diferencias individuales, solución de conflictos y la cooperación. Todo esto posibilitará la incorporación de adolescentes más creativos en la forma de actuación con los amigos, mayor seguridad, conocimientos y confianza para proteger su relación de amistad y hacerla más beneficiaria en su devenir histórico cultural.

Así, también lograr una reestructuración de las representaciones sociales que tienen los adolescentes de la amistad, con ayuda de la elaboración de un diseño de propuesta de intervención como forma de potenciarla en los espacios grupales formales y no formales que al mismo tiempo fortalezcan lo valores mencionados anteriormente.

Teniendo en cuenta lo antes referido y valorando que la formación y potenciación de las relaciones de amistad en esta etapa propician el desarrollo de las habilidades sociales necesarias para el desempeño del individuo en el grupo y su desarrollo intersubjetivo a partir de la interacción constante; el estudio correspondiente pretende la elaboración de un diseño de propuesta de intervención a partir de la potenciación de las relaciones de amistad, precisamente porque es en la adolescencia donde éstas se amplían y logran ir adquiriendo una connotación especial, por ser éste el marco donde se satisfacen la mayoría de las necesidades que surgen y se manifiestan en dicha etapa.

Precisamente, estas relaciones son las que definirán las acciones que guiarán su comportamiento en los grupos, contribuyendo al mismo tiempo al desarrollo de su personalidad, a favor de alcanzar

---

[100] Bigelow, B.J., & LaGaipa, J. J. *Childrens written descriptions of friendship: A multidimensional analysis.* Developmental Psychology, 11, 1975. pp.857-858.

[101] Ibídem 84.pp.12-26.

la maduración social, y la formación de un hombre  independiente y seguro de sí mismo.

De igual forma, "el grupo de amigos sirve para canalizar la protesta y el rechazo de las normas impuestas por los padres y la sociedad en general; en este sentido es conveniente que estos últimos, adopten una posición tolerante y de respeto ante este hecho, puesto que la amistad es una oportunidad para los adolescentes de expresarse con libertad"[102].

Se debe enfatizar, que los estudios referidos anteriormente no han superado los límites del diagnóstico, debido a que se ha investigado acerca de las relaciones de amistad, pero quedan sólo en un nivel descriptivo, fundamentalmente en otros países, sin llegar a diseñar propuestas de intervención en los grupos con los adolescentes, a través de estrategias educativas de intervención.

Y al valorar por qué es tan importante estudiar este tema surgen preguntas como: ¿será posible que puedan las relaciones de amistad determinar un desarrollo favorable de las habilidades escolares y sociales de los adolescentes en los contextos de la provincia Las Tunas?, ¿cómo se podrán formar valores acordes a los que privilegia el Sistema Social Cubano a partir de la potenciación de las relaciones de amistad en los adolescentes en estos contextos?. Donde todavía existen problemáticas reales en la formación de los valores y las habilidades sociales de estos adolescentes, lo cual ha sido expresado por estudios pedagógicos realizados en años anteriores en esta Escuela[103]. Esto se podría lograr asumiendo las relaciones de amistad como elemento formador de otros valores y habilidades sociales en los adolescentes, lo que nos conlleva a la necesidad de identificar las representaciones sociales de las relaciones de amistad de los adolescentes en este contexto, así como elaborar el diseño de una estrategia educativa para potenciar las mismas, que responda directamente a la necesidad de dedicarle espacios científicos a la intervención en este período tan imprescindible, para el mejoramiento humano de los futuros jóvenes de nuestro país.

Pues, consideramos a partir de potenciar estas relaciones interpersonales y de amistad pueden lograrse las condiciones para un mejor desarrollo de las habilidades sociales y de los valores de estos adolescentes. Para ello es necesaria la prevención de las consecuencias

---

[102] Ver Ortiz Alcaide, Natalia. *Relaciones de Amistad.* Editorial GIBRALFARO. Revista de Ciencias Humanas, Año I, Número 10. Junio de 2003, pp.12-18.

[103] Betancourt Jiménez, Lourdes. *La formación de los valores y habilidades sociales a partir de los valores que privilegian el sistema educacional cubano.* Tesis en opción al grado de Licenciatura en Pedagogía. Las Tunas. Cuba. 2004. pp.56-57.

que pudieran generar en la actualidad la decadencia de los valores socialmente establecidos y aceptados, normas de conductas vigentes, e insuficientes relaciones interpersonales sustentadas sobre la base de la conveniencia y de todos los factores psicosociales que sirven de sostén y aporte a los intereses de cada individuo, de acuerdo con el status social.

Por ello la presente investigación tiene como objetivo *Diseñar una estrategia educativa de intervención a través de la potenciación de las relaciones de amistad en los adolescentes para el desarrollo de las habilidades sociales y valores de la amistad en la Provincia Las Tunas.*


## Desarrollo

La vida, en su constante transformación, impone cambios que llegan a las personas a través de las diferentes etapas de su desarrollo. Al respecto, cabe destacarse la importancia que adquiere el estudio de la adolescencia, por ser un período de cambios significativos para el individuo y aún indeterminado.

Es incorrecto pensar que la adolescencia es una condición estática y sin cambios, similar para todo el que la atraviesa. El impacto y los efectos de la misma varían de una persona a otra, de una familia a otra, de un país a otro, de una cultura a otra, y de una generación a otra.

Muchos investigadores han tratado de definir la adolescencia, entre ellos está lo planteado por **J. Barrera Moncada**[104], "...es el período de desarrollo del ser humano durante el cual se realizan una serie de cambios o de integraciones bio-psico-sociales suficientes y necesarios como para que el niño se transforme y asuma el papel del adulto integrado a la sociedad".

Según **Horrock**[105] existen seis puntos de referencia desde los cuales se considera el crecimiento y desarrollo del adolescente:

- El adolescente se hace más consciente de sí mismo. En este período el joven aprende el rol personal y social que con mayor probabilidad se ajustará a su concepto de sí mismo, así como el concepto de los demás.

- Es una época en que se busca el status como individuo; es el período en que surgen y se desarrollan los intereses vocacionales y la lucha por la independencia económica.

---

[104] Barrera Moncada, J. *Psicología del desarrollo*. Editorial Buenos Aires. 2003. p. 20

[105] Horrock, L. *Adolescent´s Pshychology*. Ed. Basic Books. New York. E.U.A. 1996. pp. 12-23

- La adolescencia es una etapa en que las relaciones del grupo adquieren mayor importancia; surgen los intereses heterosexuales y homosexuales que puedan hacer complejas y conflictivas sus emociones y actividades.

- La adolescencia es una etapa de desarrollo y evaluación de valores. Es un tiempo de conflicto entre el idealismo juvenil y la realidad, entre la búsqueda de identidad y su rol en los grupos de amigos y la familia.

Pero además, la adolescencia es vista como una etapa de maduración dada entre la niñez y la condición de adulto. El término denota el período desde el inicio de la pubertad hasta la madurez; puede empezar en torno a la edad de los 10 -11 años llegando a su fin entre los 19-20 años.

Precisamente, los cambios surgidos en esta etapa determinan la aparición y desarrollo de formaciones psicológicas complejas como la autovaloración, autoconcepto, autoconciencia, autodeterminación, que constituyen la base para el logro de una identidad personal. Tanto el grupo como el amigo repercuten en la definición de estas formaciones.

De aquí la importancia de dirigir conscientemente las influencias educativas que se ejercen sobre los adolescentes por parte de la familia, la escuela y la sociedad en general, todo lo cual posibilitará una regulación consciente de su comportamiento a través de la etapa y en el futuro, que experimentará como sujeto social activo y regulador de su conducta, que madurará en dependencia de las relaciones sociales y de amistad que susciten en su contexto histórico social.

Muchos han sido los autores que han dedicado sus estudios a la amistad, a través de la elaboración de conceptos y teorías a partir del conocimiento socialmente elaborado, resultado de las experiencias y las informaciones. Donde ésta, es un tipo de unión afectiva que surge en la interacción social de los seres humanos, sustentándose sobre la base de la comunicación, la comprensión, el afecto, las necesidades, acuerdos de comportamientos y normas de conductas a seguir entre dos o más personas.

Así, **Magdalena De Mellado**[106] plantea: "La amistad es conocimiento, nace y se fortalece con el trato; debe existir la apertura, mostrar cada uno lo que es, sin necesidad de poses o dobles intenciones, porque entre más se conozca al amigo más se le quiere".

---

[106] De Mellado, Magdalena R. No perdamos a la amistad. En: http://www.monografias.com/amistad/amistadenadolescentes/amistad_en_adolescentes.html. 2004.

La amistad representa la emoción en la cual, debido a su alto grado de reciprocidad, se llegan a alcanzar planos más importantes que aquellos que ocurren en el ordinario y cotidiano trato social. Además, aparejado al proceso de socialización, el individuo aprende a diferenciar las particularidades de cada amigo; proceso resultante de las experiencias que se suscitan en el propio desarrollo individual.

De esta manera, las relaciones de amistad constituyen una forma peculiar de las relaciones sociales, a través de las cuales se adquieren hábitos de conducta, normas, conocimientos y reglas de comportamiento, convirtiendo al hombre en un ser social. A este proceso se le denomina socialización, porque es donde se integra y adquiere una identidad social.

Así mismo, **L. S. Vygostski**[107] dice: "Toda la historia del desarrollo psíquico del niño nos enseña que desde los primeros días de vida, su adaptación se logra por medios sociales, a través de las personas circundantes. (...) El tránsito de la vía biológica del desarrollo a la sociedad es el eslabón central en el proceso del desarrollo; el punto de viraje radical de la historia del comportamiento del niño".

También **Coleman; Gecas y s.f. y Newman**[108] plantean: "El grupo de compañeros es una fuente de afecto, simpatía y comprensión, un lugar para experimentar y un punto de apoyo para lograr la autonomía e independencia de los padres."

Luego de todo este análisis, nos identificamos con el concepto de amistad que plantea: "la amistad es una relación vincular, promotora de vivencias únicas de intimidad, reciprocidad afectiva, lealtad, colaboración y solidaridad, sujetas a normas y valores sociales establecidos, donde el conflicto que se genere en la interacción, potencia el desarrollo de sus miembros y de la relación para sí"[109]. Concepto que se ajusta a las formas de expresión de las relaciones de amistad de los adolescentes cubanos.

Ahora bien es cierto que la ausencia de valores y adecuadas normas de comportamiento en esta etapa podría generar algunas problemáticas con el ajuste escolar de estos jóvenes y su repercusión se puede observar en el ausentismo y las insuficientes unidades psicológicas docentes para el enfrentamiento de los problemas, así

---

[107] Vigotsky L. S. *Interacción entre aprendizaje y desarrollo*. En: *El desarrollo de los procesos psicológicos superiores*. Segunda parte, capítulo 6. Ed. Crítica, Barcelona. 1979. pp. 25-28.

[108] Coleman, J. *Friendship and the Peer Group in Adolescence*. In J. Adelson. Ed. Handbook of adolescent. New York: Wiley. 1980. pp.13-24.

[109] Este concepto ha sido elaborado por los autores. El mismo ha sido analizado en el Capítulo I de este libro.

como en las habilidades sociales y en sentido general, en la escuela y en su desenvolvimiento personal, dando paso al desarrollo de un individuo incapaz de responder a las exigencias del Sistema Social Cubano y de poseer relaciones de amistad que le conduzcan favorablemente en todo su devenir mediato.

Lo antes planteado, hace necesario el desarrollo de aquellas conductas más idóneas que le permitan a los adolescentes tener relaciones interpersonales más satisfactorias y adecuadas al medio donde interactúan, a partir de la potenciación de los valores que hacen posible su crecimiento personológico en todo el ámbito social, los cuales pueden brindar elementos potenciadores para éstas relaciones de amistad.

Los valores a los que se hacen alusión en la presente investigación son: la sinceridad, la lealtad, la solidaridad, colectividad, flexibilidad y respeto al otro; son mediatizadores de las relaciones que se establecen al interno del grupo de amigos; donde cada uno de los miembros regulará su comportamiento en función de estos valores y las normas grupales existentes.

Si se da la posibilidad de que las relaciones de amistad determinen un desarrollo favorable de las habilidades sociales, así como la formación y el fortalecimiento de valores, se formará en el adolescente una mayor seguridad en sí mismo que le alejará de determinadas conductas de riesgo. De lo contrario, podría ser que el adolescente que no establezca relaciones de amistad con sus coetáneos constituirá un problema de gran envergadura a nivel individual, pues no tendrá la posibilidad de construir de sí mismo un hombre integral.

Así, nuestro Héroe Nacional **José Martí**[110] plantea:"...en la interacción cotidiana está el porvenir del hombre nuevo, reconocedor y hábil en las problemáticas que le depara el futuro".

Se debe señalar que los adolescentes más ajustados socialmente son aquellos que reciben un mayor apoyo por parte de sus semejantes, en cambio los menos ajustados aparecen en los grupos manteniendo inadecuadas relaciones con sus amigos.

Otras investigaciones llegan a conclusiones más relativas, advirtiendo que los efectos de la competencia y la cooperación dependen de factores tales como la naturaleza de la tarea, estructura del

---

[110] Martí, Pérez, José.. *La amistad en el  hombre*. Obras completas. Tomo IV. Editorial Progreso. La Habana Cuba. 1965. pp 567-578.

grupo, edad, experiencia previa y la necesidad de los miembros del grupo"[111].

La actitud positiva y altruista permitirá hacer amistades; pero hay quienes creen que las preferencias de sus allegados deben coincidir con las suyas. Aunque es preciso que haya puntos en común para que exista un buen entendimiento, lo primordial es compartir los mismos valores básicos, tanto morales como espirituales. No es imprescindible que sean idénticos los antecedentes y las personalidades; de hecho, la diversidad de experiencias de cada uno puede enriquecer y beneficiar al otro.

En esta etapa las relaciones de amistad se basan fundamentalmente en la intimidad, donde la relación se hace cada vez más sincera y espontánea, ya que se descubren aspectos positivos y negativos propios de su personalidad; existe mayor sensibilidad y conocimiento que en etapas anteriores, y se puede entender a los amigos sin que necesariamente fluya el diálogo entre ambos.

Así lo refieren **Parker** y **Gottman**[112] cuando expresan que hay muchas razones teóricas que afirman la creencia de que la compañía y la intimidad en las amistades durante la adolescencia enriquece el funcionamiento socio emocional. Por tal motivo, la carencia de intimidad con los amigos puede significar una fuente de estrés.

La mayoría de los adolescentes, al elegir un amigo, tienden a buscar a alguien que se les asemeje; que comparta su intimidad y que exista cierta reciprocidad en sus ideas y conductas.

Por ello, y a partir de la importancia que adquiere el grupo de amigos en la etapa de la adolescencia, surge la necesidad de vincularse y de relacionarse con los otros (los coetáneos), lo que exige ser portadores de ciertas habilidades sociales, las cuales no son más que la capacidad del individuo para establecer una comunicación adecuada, con individuos de diversas características en situaciones y contextos diferentes.

El que ellos logren alcanzar el desarrollo de esas habilidades sociales, tales como: la apertura al otro, ayuda mutua, comprensión y aceptación de los criterios diferentes, la solución de conflictos propios de la edad, la cooperación y la comunicación, influirá positivamente y propiciará un funcionamiento psicosocial más satisfactorio en los

---

[111] Simpsom, H. *The rules in groups of adolescents.* K.Kerns (Ed) In Family and Peers: Linking Social Worlds. Westpost Conecticut. 2000. pp. 67-69.

[112] Parker. T and Gottman. R. *Intimancy during adolescence.* In Journal of Social and Personal Relationship. 2001. pp. 403-409

adolescentes, así como una mejor adaptación al grupo de amigos y en el medio en que esta se desarrolla en general.

Debido a que las relaciones de amistad brindan al adolescente un gran apoyo para su óptimo desarrollo personológico, esto representa un valioso indicador en el estudio de esta etapa de la vida, pues en dependencia de cómo se comporten las relaciones de amistad en los adolescentes se podría elaborar una estrategia educativa de intervención para potenciarlas a favor del desarrollo social, el cual debe ser alcanzado por los mismos.

Para la realización de este trabajo se utilizó una investigación esencialmente de corte cualitativo, la cual permite la interpretación, comprensión, argumentación y profundización de la esencia del fenómeno estudiado, a partir de las propias construcciones teóricas que los adolescentes elaboran.

Se realizó un muestreo no probabilístico; también llamado intencional, en forma de estudio de caso, no de forma individual sino de casos colectivos por grupos de edades 10 adolescentes de 12 años, 10 de 13 años y 10 de 14 años de edad y los 3 profesores integrales que trabajan con ellos. Los cual es prudencial para el establecimiento de los parámetros en la caracterización de las representaciones sociales y la propuesta del diseño de la estrategia educativa de potencialización de las relaciones de amistad en esta edad. Se seleccionó una escuela secundaria que posee estudiantes de los diversos municipios de la provincia y por tanto es más heterogéneo el muestreo y más diverso en los resultados que nos ofrecerá.

El método general que guió esta investigación fue la Etnometodología y las técnicas utilizadas fueron las entrevistas a profesores, entrevistas a profundidad, composición, entrevista grupal y observación. A partir de la información obtenida de los informantes claves, donde se pudo conocer el proceder de las actividades que se realizan en la institución con el objetivo de formar los valores que orienta el Sistema Social Cubano, se detectó que el mismo no se lleva a cabo por parte de la mayoría de los profesores con la responsabilidad y dedicación que se requiere, así como se pudo constatar que los potenciales que existe en los grupos de amigos, podría representar un fuerte apoyo para desarrollar estos valores y las habilidades sociales que se precisan consoliden en esta etapa evolutiva los adolescentes.

Se debe resaltar además la procedencia social de los adolescentes estudiados; pues el universo de los estudiantes de la institución es de 346, y 155 de ellos son hijos de padres divorciados, alcohólicos, presos y con un bajo nivel cultural, con serias insuficiencias en la educación; además de que sus condiciones económicas son desfavorables. Destacar además que muchos de los profesores son estudiantes de la FEU (Federación Estudiantil Universitaria) en formación de PGI (Profesor General Integral), los cuales se caracterizan por la falta de preparación en cuanto a: contenidos de las asignaturas priorizadas, y dificultades metodológicas.

**Resultados.**

Las representaciones sociales de las relaciones de amistad analizadas se concretizaron de forma voluntaria, de manera tal que no medió ningún tipo de presión por parte del investigador, ni de las profesoras. Éstos adolescentes eligen como amigos a aquellos que poseen gustos a fines y cualidades deseables, ya sean sociales o psicológicas, donde prima fundamentalmente la reciprocidad emocional, en dependencia de los valores que predominan en su grupo de interacción.

Independientemente de que los sujetos estudiados son adolescentes, y como tal viven experiencias de una etapa contradictoria, buscan establecer la propia identidad. En los adolescentes de 12 años aún no se han desarrollado los sentimientos de independencia, y aunque de manera general ellos tratan de acercarse a personas con las que puedan identificarse, es decir, que tengan características a fines; en el caso de éstos adolescentes, buscan en sus coetáneos reciprocidad emocional y retribución de los valores.

Particularmente en éstos últimos se evidencia un nivel de intimidad que se reduce al planteamiento de sus problemas y dudas sobre la base de la discreción y el respeto. Sin embargo, la misma precisa de una mayor profundidad, donde ambas partes de la relación sean capaces de satisfacer y potenciar su desarrollo socioemocional.

En las relaciones de amistad de los adolescentes de 13 y 14 años, se demuestra que, debido a la carencia afectiva y a la imposibilidad de explicar sus sentimientos adecuadamente, existe una unidireccionalidad y poca reciprocidad en lo que a demanda afectiva, ayuda y atención constante se refiere. Evidenciándose que ellos demandan más de lo que ofrecen.

La ausencia en muchos de ellos, de un adecuado patrón familiar, así como la vida en colectividad de un ambiente uniforme, afecta negativamente aspectos tan significativos como el propio proceso de identificación.

Esta situación crea un ambiente de agresividad en muchas ocasiones, lo que se extrapola a las relaciones de amistad, de forma tal que, aunque ven a los demás miembros del grupo como un igual, con sus problemas e inquietudes, y como una figura de apoyo que estará disponible para satisfacer constantemente sus necesidades, logran manifestarse un tanto agresivos verbalmente la mayor parte del tiempo que comparten juntos; durante el horario de clases, en el receso, y demás actividades que realizan fuera del centro.

Por la inestabilidad en la educación de éstos adolescentes, incluyendo en dos de los casos la insuficiente preparación y formación de sus profesoras guías, los lazos de amistad han sido poco valorados y potenciados como parte del aprendizaje social, a pesar de la conceptualización positiva que logran hacer los sujetos de la misma.

Ésta tarea no ha estado en manos de la institución, pues solo se ha dedicado a la mera formación de valores, lo cual no significa que éstos encierren el valor de la amistad; y aunque existan adecuadas referencias de esta categoría, de hecho no se realiza un proceso de formación de valores que posibiliten el desarrollo de aquellas habilidades sociales necesarias en dicha etapa, lo cual se reduce a la ayuda, al entendimiento, la solidaridad, comprensión, la flexibilidad, dando paso a la solución de los conflictos propios de ese período, la ayuda mutua, el reconocimiento, la comunicación y la apertura al otro, entre otras.

Todo lo anteriormente planteado demuestra que los adolescentes estudiados de 13 y 14 años se perciben como objetos de sus relaciones de amistad y no como sujetos, pues no asumen un protagonismo en dichas interacciones; son demandantes constantes del amigo.

**Conclusiones.**

- Las representaciones sociales sobre las relaciones de amistad de estos adolescentes, están en la base de la significación que posee la amistad en nuestra sociedad, pero estructurada desde el "deber ser" y no desde el "ser" o "poder ser", lo que repercute negativamente en la expresión del desarrollo de sus relaciones de amistad.
- Las representaciones sociales de estos adolescentes se manifiestan desde el "deber ser" en:
- Ayuda mutua al amigo.
- Comprensión y aceptación de los criterios divergentes.
- Protección de la relación de amistad ante cualquier evento negativo que se suceda en la cotidianidad, exceptuando las traiciones.
- Preocupación por las problemáticas que se manifiestan en el amigo.
- Se escogen las amistades a favor de las características e intereses comunes. Excepto en un caso.
- Compartir criterios y puntos de vista que no pueden ser analizados en los marcos familiares.

- Ayuda en la búsqueda de la identidad personal y aceptación grupal.
- Reconocimiento de las cualidades del amigo.

• Valores como la sinceridad, lealtad, solidaridad, colectividad, flexibilidad y respeto al otro; así como el conocimiento de las habilidades sociales de comunicación, apertura al otro, ayuda mutua, comprensión y aceptación de criterios divergentes, solución de conflictos y cooperación, están presentes en el modelo de lo que "debe ser" y no en el del "ser" o "poder ser"; exceptuando el caso de los adolescentes de 12 años, los cuales poseen un mejor desenvolvimiento de estos valores y desarrollan algunas habilidades sociales expuestas anteriormente.

• Se manifiesta la necesidad del diseño y aplicación de una estrategia educativa en relación a la potenciación de las relaciones de amistad en estos adolescentes.

**<u>Diseño de la Estrategia Educativa Propuesta.</u>**

**Estrategia Educativa de intervención para el desarrollo de las habilidades sociales y los valores de la amistad a través de la potenciación de las relaciones de amistad en los adolescentes.**

**Fundamentos de la estrategia educativa.**

El modelo de estrategia educativa se basa en primer término en la realización de un diagnóstico que permite conocer el estado de los valores de la amistad presentes en los sujetos que serán objetos de intervención (diagnóstico que se realiza con esta investigación); incluye el análisis sistémico de la categoría amistad, al tomar como referente objetivo el modelo de los valores de los proyectos sociales, culturales y educativos de la Revolución Cubana, y referente subjetivo el sistema individual de cada uno de los miembros al reflejar el aprendizaje de esos valores a través de una de las formas específicas de las relaciones interpersonales más importantes en esta etapa del desarrollo evolutivo, las relaciones de amistad.

Dicho diagnóstico se sustenta sobre una metodología de corte cualitativo, teniendo en cuenta las características específicas de los adolescentes, la experiencia de los investigadores y el tiempo que se dispone.

Una de las premisas fundamentales de las que partimos para la realización de la presente investigación es que en el proceso de formación de la personalidad, la adolescencia es una de las etapas del desarrollo del ser humano donde más éxito tiene el proceso de formación de valores en los individuos, donde las relaciones interpersonales constituyen una fuente de profundas vivencias para éste, y también de un conjunto de reflexiones acerca de diferentes aspectos de la realidad, incluida su propia persona.

Otra de las premisas es conocer a partir del diagnóstico los valores que ya forman parte de la subjetividad de cada sujeto, y contribuir a la formación de otros valores que no estén presentes, así como el desarrollo de las habilidades sociales que les facilitan un mejor desenvolvimiento en el medio donde se desarrollan, tanto en el grupo como en la comunidad, y la sociedad en general.

Para desarrollar el trabajo de intervención se plantea como elemento novedoso el conformar el modelo del poder ser, teniendo en cuenta las necesidades e intereses para el desarrollo de la personalidad de cada individuo y las del grupo en general; pues según el diagnóstico realizado los adolescentes tienen conceptualizados los valores referentes a la amistad en el modelo de lo que *"debe ser"*, lo cual se contradice en lo manifestado por éstos adolescentes en las pruebas realizadas.

Para conformar el modelo del *"poder ser"* en los adolescentes se toma como base el análisis realizado por el doctor **José Ramón Fabelo**[113] sobre la categoría valor, donde plantea que para que este se produzca debe estar presente en cada sujeto el proceso de valoración en la interacción de éste con el mundo que le rodea, proceso complejo que constituye la expresión subjetiva que poseen los objetos y fenómenos del medio circundante para la vida y la actividad; lo cual presupone que se produzca el reflejo de los intereses y necesidades del sujeto, y la asimilación de las propiedades naturales y sociales de estos objetos y fenómenos, donde una condición necesaria es el conocimiento del objeto para que se pueda emitir una valoración sobre él. Por ello es necesario el desarrollo de los valores y habilidades sociales en esta etapa, pues sirven como ayuda para enfrentar las crisis y los sentimientos comunes, a la definición de la autoestima y el estatus en los sujetos.

Para el desarrollo de esta estrategia educativa se utilizarán técnicas de trabajo en grupo, ellas constituyen un recurso encaminado a la motivación constante de los sujetos, pues al encontrarse en una situación de juego logran comprometerse y expresar con mayor libertad sus valoraciones y actitudes, los sujetos vivencian hechos, situaciones reales o imaginarias; se actualizan además en la dinámica grupal y les facilita una mejor discusión, garantizando a su vez un clima de distensión, cordialidad y espontaneidad, favoreciendo de esta manera, la expresividad, la imaginación y la creatividad.

---

[113] Fabelo Corzo, José Ramón. ***Práctica, conocimiento y valoración.*** Editorial de Ciencias Sociales, La Habana, 1989.

**Principales características de la población a la cual va dirigida la estrategia educativa.**

Todo este proceso de indagación a partir del diagnóstico permitió arribar a las siguientes conclusiones preliminares:

1. Poca responsabilidad ante las tareas, 70%.

2. Mala actitud ante el estudio, 68.3%.

3. Faltas de respeto y poca solidaridad entre ellos, 56.5%.

4. Indisciplina social, 46.4%.

5. Poca habilidad en la solución de conflictos, 72.2%.

6. Dificultades en la aceptación de los criterios divergentes, 85.3%.

7. Mal manejo educativo por parte de la familia y el personal de la escuela, 48.8%.

8. Necesidad de comprensión, 67.9%.

Teniendo en cuenta éstos elementos deficientes establecidos en el diagnóstico participativo, se acometió la estrategia educativa de intervención encaminada a potenciar valores necesitados a desarrollar para el logro de las habilidades sociales más importantes en los adolescentes objetos de la investigación.

Esto indica la necesidad de realizar acciones encaminadas a potenciar dichos valores, para que de esta forma se puedan convertir en sujetos de su entorno social. Lo que nos brinda el objetivo de dicha estrategia.

**Objetivo de la Estrategia Educativa de Intervención:**

Formar espacios de reflexión grupal a partir del análisis de la categoría amistad para potenciar los valores de la misma y el desarrollo de las habilidades sociales que se corresponden con este sistema de valores de los adolescentes.

**Objetivo Comportamental.**

- Propiciar acciones que generen cambios en las actitudes y conductas de los adolescentes en cuanto a sus manifestaciones sociales en las relaciones de amistad, así como el desarrollo de las habilidades sociales y los valores que están inmersos en la categoría amistad.

**Audiencia a la cual está dirigida la Estrategia Educativa.**

- Adolescentes de la Escuela Secundaria Básica "28 de Enero" del municipio Jesús Menéndez, de la provincia Las Tunas.

**Límites.**

- En Tiempo. Entre tres y seis meses aproximadamente.

■ En Espacio. Escuela Secundaria Básica en el Municipio Jesús Menéndez de la Provincia Las Tunas.

**Aspectos o Temáticas a tratar.**

Temas que se deben abordar durante la realización de la estrategia, la cual se implementará en forma de sesiones de reflexión y análisis dinámicos con los adolescentes. Lo que es preciso aclarar que el número y el tiempo de instrumentalización de la estrategia educativa se realizarán en dependencia de la creatividad, recursos, tiempo y espacio con los cuales dispongan los coordinadores y los adolescentes, lo que nos muestra la flexibilidad que la misma presenta.

♦ Concepto de amistad y valores que la integran.

♦ Importancia y ventajas de la categoría amistad en la etapa de la adolescencia.

♦ La responsabilidad como valor que favorece el aprendizaje en esta etapa del desarrollo.

♦ Solidaridad, su importancia en las relaciones interpersonales y de amistad.

♦ El respeto al otro como componente necesario para el establecimiento de las relaciones interpersonales.

♦ La sinceridad como elemento fundamental para una duradera relación de amistad.

♦ El amor al estudio, un factor esencial en la formación del adolescente y que al mismo tiempo contribuye al logro de su desenvolvimiento bio-psico-social.

♦ Las habilidades en la comunicación, ayuda mutua, aceptación de los criterios diferentes, en la solución de conflictos, la apertura al otro y la cooperación, como elementos mediadores de las relaciones interpersonales y de amistad.

♦ Las relaciones de amistad y su repercusión en las relaciones que se establecen en el contexto escolar, social y familiar.

♦ Los valores como la lealtad, fidelidad, sencillez, colectivismo, como elementos esenciales en el proceso de socialización en la etapa de la adolescencia.

**La Estrategia Educativa se ejecutará de la siguiente manera:**

• A partir de los resultados del diagnóstico participativo realizado, se deberá trabajar con los adolescentes para potenciar valores deficientes como: la solidaridad, la sinceridad, el amor al estudio, el respeto al otro, la responsabilidad, la sinceridad, la lealtad; a través de un sistema de acciones concretas de carácter grupal que posibiliten la reflexión y el debate.

• En cada espacio se controlará, evaluará y trazarán las líneas de trabajo de las sesiones, utilizándose en la mayoría de éstos espacios la orientación de tareas que promuevan el próximo encuentro.

• Se debe realizar un cierre o despedida que posibilite comprobar los cambios ocurridos haciendo una evaluación objetiva de las transformaciones alcanzadas por cada uno de los miembros, buscando lo que se ha logrado potenciar y lo que no, para en dependencia de ello trazar nuevas metas.

Teniendo en cuenta que pueden existir algunas diferencias en los resultados del diagnóstico participativo en algunos de los casos estudiados, en la primera etapa de la intervención se deberá trabajar fundamentalmente con técnicas de animación y juegos que ante todo propicien la cohesión grupal y la empatía entre ellos y el animador, lo cual posibilitará una mejor adaptación, dando paso a los espacios dirigidos a la orientación de sus conductas a partir de la potenciación de los valores y habilidades sociales correspondientes.

**Técnicas propuestas para la implementación de la estrategia educativa.**

Para la realización de los diferentes espacios de reflexión grupal se podrán utilizar técnicas como:

- Juegos Dramáticos sobre las temáticas específicas.
- Entrevista Grupal.
- Grupo Focal.
- Juegos Dinámicos de grupo tales como: La escultura, El Pueblo Manda, La cesta Revuelta, Canasta de frutas, El Lazarillo y el ciego, Mar adentro y mar afuera, Diálogos de manos, Acunamiento, Juegos del pulgar, Reconocimiento de ojos, Lindo gatito, Sensibilización de los sentidos, El cartero, Las Lanchas, u otras que los coordinadores consideren que se relacionan con las temáticas expresadas.

**Resultados esperados de la Estrategia Educativa.**

- Adolescentes con mayor apertura a los demás y reconocimiento de criterios diferentes en las relaciones que establecen con sus coetáneos.
- Adolescentes con un desarrollo superior de los valores de la amistad tales como la solidaridad, la lealtad, confianza, seguridad, honestidad, cooperación, colectividad, respeto al otro, sinceridad, u otros, que condicionen un estilo de vida en correspondencia con las característica de la etapa del desarrollo y las exigencias sociales establecidas por el proyecto social cubano.
- Adolescentes con habilidades sociales acordes a las exigencias sociales en esta etapa del desarrollo evolutivo, los valores mencionados

anteriormente, la satisfacción personal y aceptación grupal en los diferentes contextos en los que se desenvuelven.

■ Adolescentes asertivos en la solución de los conflictos propios de la etapa del desarrollo y de las características de su medio social determinado, y más responsables ante el proceso docente educativo.

■ Adolescentes más preparados para establecer relaciones interpersonales y de amistad en su contexto sociohistórico.

■ Adolescentes conscientes de la distancia entre el deber ser de las relaciones de amistad y el poder ser que establecen en sus vínculos con los coetáneos.

**Plan de acciones dirigidas al público de la Estrategia Educativa.**

• La realización de diferentes actividades utilizando técnicas de presentación, animación y trabajo en grupo, tomando en cuenta las necesidades y actividades que más se destaquen en el diagnóstico.

• Espacios de reflexión de temas programados sobre la base de los intereses de ellos y los objetivos de los investigadores: La amistad, incluyendo solidaridad, responsabilidad, lealtad, confianza, respeto al otro; y además, la importancia que tiene en esta etapa adquirir habilidades sociales como: la comunicación, ayuda mutua, higiene personal, aceptación de los criterios diferentes y la habilidad en la solución de conflictos propios de la etapa.

• Utilización de dramatizaciones sobre los diferentes temas vinculados con las relaciones interpersonales, comenzando desde las que existen entre los miembros de la familia hasta los que pertenecen los adolescentes estudiados en todo su ámbito social.

• El desarrollo de charlas educativas sobre los diferentes temas que pudieran constituir riesgos a los sujetos en la etapa correspondiente.

# Capítulo VI.
**Amistad vs agresividad. Programa de intervención con adolescentes cubanos.**

**María del Pilar Soteras del Toro.**

*Profesora de Psicología, Universidad de Oriente, Santiago de Cuba, Cuba.*

## Introducción

Las sociedades, sean cuales sean sus tiempos y características, están siempre en proceso de transformación. En cada momento histórico concreto los cambios promovidos, desde lo económico, político y social, se refractan en los grupos sociales y desde ellos en la subjetividad de las personas.

Nuestro país durante la última década del pasado siglo, vivió acontecimientos que lo impactaron en los niveles macro, en lo económico, social, institucional y por supuesto, en el de los diferentes grupos de pertenencia  (familia, escuela o centro laboral), todo lo cual se expresó en el nivel individual.

Es bien reconocido en la literatura científica que en épocas de crisis económica se incrementan los índices de violencia, desde la doméstica hasta la social, las que tienen múltiples formas de expresión, que pasan por las historias de las personas y los recursos subjetivos con los que cuentan para enfrentar las dificultades inevitables que la realidad les plantea.

Cuba no está exenta de este fenómeno hoy existen muy a pesar de los esfuerzos realizados por el Gobierno y la Sociedad en general, adolescentes que exhiben conductas agresivas y con dificultades para el establecimiento de relaciones interpersonales adecuadas.

La agresividad en las relaciones interpersonales e incluso con la realidad en general se expresa de múltiples formas, incluso, a veces hay manifestaciones de agresión que atentan contra la integridad de las personas. Sobre ello refieren **Martín**[114] y colaboradoras: "Además, se observan respuestas antisociales delictivas. Pueden considerarse activas desde una participación e implicación personal del sujeto, pero se separan por reactivas al orden social establecido. Pueden ser desde las más rechazadas, como el incremento de delitos comunes-robo-,

---

[114] Martín Fernández, Consuelo Maricela Perera Pérez y Mayky Díaz Pérez: *La vida cotidiana en Cuba. Una mirada psicosocial.* Revista Temas. no. 7, julio-septiembre, 1996. pp. 92-98

hasta otras menos rechazadas, aunque no aceptadas, como la prostitución –conocida por * jineterismo *- o manifestaciones del individualismo extremo y agresividad que implican debilitamiento de la solidaridad humana".

En la literatura, se reportan numerosos testimonios y quejas de maestros y profesores en torno a la disciplina, a la agresividad que chicos y chicas expresan no solo a los adultos sino también, entre ellos; demandan cada vez más criterios para resolver los conflictos que a diario se producen en las aulas, los cuales incluyen las relacionales interpersonales inadecuadas, todo lo cual los desconcierta, pero no saben que hacer o como contener esas conductas.

Aunque en estos momentos el país ha recuperado el equilibrio en determinados rubros, todavía no se ha alcanzado el nivel aspirado, por tanto, persisten las desigualdades sociales y las situaciones generadoras de violencia aún no están resueltas del todo.

Diversos autores (**Cucco**, **Córdova**, **Castro**, entre otros)[115] han señalado sus inquietudes en  relación a los adolescentes. La Dra. **María Dolores Córdova**[116], expresa: "¿Qué pasa con el adolescente en la realidad?". Observamos adolescentes descontenidos, que se rebelan ante un ejercicio de autoridad incorrecto de los adultos, que no aceptan la autoridad o se la cuestionan, que no tienen proyectos de vida, viven en el presente, con una sexualidad descontrolada e irresponsable, agresivos, desinteresados en el estudio y en otras muchas cosas"[117].

En los estudios realizados en escuelas secundarias básicas urbanas del Municipio Santiago de Cuba por **Mabis Matos**[118], **Yordy Samuel**[119] y **María del Pilar Soteras**[120] se puso de manifiesto que en muchos casos el trato entre los compañeros es en tono agresivo; tanto encubierta como explícitamente.

---

[115] Córdova Llorca, María Dolores: *Los Indicadores Diagnósticos de Población. ¿Cómo identificarlos?* Material de estudio de la Maestría de Intervención Comunitaria en los Procesos Correctores de la Vida Cotidiana. 2003. pp. 4-5

[116] Soteras del Toro, María del Pilar; Córdova Llorca, Maria D; et all. *Programa de intervención Amistad vs. Agresividad, en sujetos que pertenecen a la adolescencia media (12-14 años de edad).* Congreso ADOLECA, 2005, ISSN 954-7164-81-7. pp. 70-84.

[117] Ibídem. Pp.7-11.

[118] Ramírez Guilarte, Mabis. *Estudio de la amistad en adolescentes agresivos.* Tesis en Opción al Grado de Licenciado en Psicología. Universidad de Oriente. Santiago de Cuba, Cuba. 2002.

[119] Samuell Samé, Yordi: *Conducta agresiva y amistad en adolescente.* Trabajo grupal. Trabajo de Diploma, Universidad de Oriente, Facultad de Ciencias Sociales, Departamento de Psicología, 2003.

[120] Soteras del Toro, María del Pilar; Córdova Llorca, Maria D; et all. *Programa de intervención Amistad vs. Agresividad, en sujetos que pertenecen a la adolescencia media (12-14 años de edad).* Congreso ADOLECA, 2005, ISSN 954-7164-81-7. pp. 70-84.

Se aplicaron cuestionarios a profesores guías, a estudiantes agresivos y a sus amigos o compañeros de aula, los cuales arrojaron los siguientes resultados.

Manifestaciones de agresividad que desde la visión del profesor guía, presentan los adolescentes estudiados:

- Agresión verbal, discusiones y protestas en mala forma, en un 62,5%

- Estar irritados y dar gritos, en un 58,33 %,
- Provocaciones a otros, en un 41,66 % y
- Agresión física en un 16,66 %.

Como se ve, estas manifestaciones se mueven en gran medida a un nivel de expresión oral.

Al final del cuestionario podían añadir alguna otra información de interés, coincidieron en plantear que las familias de éstos adolescentes eran problemáticas o conflictivas, dijeron unos, y que no se preocupaban mucho por sus hijos pues no asistían a reuniones, etc. y que algunos son hijos de papás alcohólicos y / o agresivos. Expresaron además que el estado de ánimo de éstos adolescentes no era estable, que en ocasiones apenas se notaba su presencia, pero que, por lo general, eran "llamativos" pues no pasaban desapercibidos por su conducta, que buscaban problemas y discutían mucho.

Desde aquí puede establecerse una relación entre la conducta agresiva mostrada por los adolescentes estudiados y la de sus grupos familiares, lo cual apunta a la presencia en el grupo estudiado de una agresividad aprendida por observación – imitación que se transfiere al entorno escolar.

Desde la visión de los propios adolescentes agresivos, al preguntarles sobre los defectos que ellos perciben en sí mismos y que afectan sus relaciones, vemos que:

- El 93,33 %, reconoció como dañinas sus manifestaciones de agresividad, por ejemplo "a veces, mis groserías";
- Sólo uno, no reconoce tener defecto, a no ser, según sus propias palabras "me gusta ser puntual y que todo sea al pie de la letra", este alumno es rígido y poco autocrítico, además de agresivo, según la visión de otros.
- Por su parte, desde la visión de los amigos y/o compañeros de los adolescentes objeto de estudio, vemos que:
- También el 93,33%, señaló la presencia de diversos comportamientos agresivos en sus amigos, entre los que pueden citarse: que agreden hasta golpear, en los casos extremos; las malas formas; contestar a los profesores; siempre creer tener la

razón y nunca perder; irritables y con mal humor.

Otras características negativas reconocidas fueron: seguir malos ejemplos, ser impulsivos, la falta de compañerismo, la indiscreción, la deshonestidad, descuidar los estudios, no oír consejos o reunirse con  *elemento malo *.

Si comparamos los resultados, observamos que hay consistencia entre las opiniones de profesores, amigos y las del propio agresivo.

Es preocupante que las conductas agresivas se "normalicen", no porque en el  medio más inmediato o porque en general la sociedad las consideren normales sino porque en muchas ocasiones nos dejamos aplastar por el vivir cotidiano o por lo cómodo que resulta esperar la espontaneidad del cambio, sin buscar causas y vías de afrontamiento y modificación, sin brindarles la atención que requieren. Se debe tener en cuenta que un comportamiento excesivamente agresivo en la infancia y adolescencia temprana sin un tratamiento adecuado puede derivar en fracaso escolar, o en conducta antisocial en la juventud y edad adulta, pues tienen dificultades para socializarse y adaptarse a su propio ambiente ya que el comportamiento agresivo complica las relaciones sociales que el sujeto va estableciendo a lo largo de su desarrollo y dificulta por tanto su correcta integración en cualquier grupo o institución. Esto genera muchos malestares en los propios adolescentes y en sus relaciones con compañeros y amigos e incide también en el personal docente, en el no docente y en la familia. Lo que nos conduce a plantearnos la necesidad de *crear un programa que pueda disminuir la agresividad a partir de la potenciación de las relaciones de amistad de los adolescentes.*

**Desarrollo.**

**Influencia de la familia, la escuela, los medios de comunicación y los grupos de pertenencia en la adolescencia.**

En todas las edades es importante la adaptación social, sin embargo, en la adolescencia ocupa un lugar preponderante porque en esta etapa de la vida del sujeto se determinará, en gran parte, lo que será socialmente en su adultez.

Es la familia la primera institución que incide en el aprendizaje, el niño desde que nace pertenece a un grupo, en este caso, al grupo familiar, en el cual, a partir de sus necesidades, desarrolla distintas funciones en busca de las fuentes gratificantes, alcanzando, en cada paso, un determinado grado de organización psíquica. Es la familia, dice Ana de Quiroga, el ámbito primario de emergencia y constitución de la subjetividad, el escenario de las primeras experiencias y aprendizajes. De forma muy clara refiere: "La organización familiar porta sobre él un orden social, pero a la vez lo modela con rasgos o formas peculiares. La familia en tanto sistema, grupo, tiene rasgos universales o compartidos con otros pertenecientes al mismo orden social; sin embargo, como estructura interaccional, escenario de una dialéctica entre sujetos, se desarrollan en él procesos únicos, irrepetibles, peculiares"[121].

En esos procesos únicos, irrepetibles y peculiares que atraviesan al bebé, aún antes de su nacimiento, se va constituyendo su psiquis; la madre, como ser social portará sobre su hijo, consciente o inconscientemente, el orden de las representaciones y significaciones sociales, desde su propia trayectoria vincular en la que se ha configurado. El hijo tiene para la madre y para el resto de la familia que lo recibe, una significación positiva o negativa; la actitud materna y su modalidad vincular operan en el sistema relacional primario, desde el comienzo de la vida.

Cada nuevo individuo que se incorpora al grupo familiar es depositario, en mayor o menor medida, de las emociones, de los sentimientos de amor u odio, de ternura o de agresividad, entre otros; los cuales introyecta de acuerdo a como se ha producido y se esté produciendo el interjuego vínculo – comunicación - aprendizaje.

Se parte de la consideración que hace **Pichón Riviére**[122] del sujeto como emergente de una compleja trama de relaciones, en la cual el ser humano no se explica solo por sí mismo sino en su relación con el entorno. Al respecto, plantea **Ana de Quiroga**: "El sujeto humano es en cada aquí y ahora la síntesis, el punto de llegada de una historia social e individual. Por eso sostenemos que el sujeto es *emergente* de una complejísima trama de vínculos y relaciones sociales que determina a esos vínculos"[123]. Estos autores consideran que el vínculo es una estructura compleja que incluye al sujeto y al objeto, su interacción, con momentos de comunicación y aprendizaje.

En Teoría del Vínculo, **Pichón** expresa: "En el vínculo está implicado todo y complicado todo. La persona se mueve sea con un juego armónico de sus partes integrantes, sea con un juego disarmónico, pero no se puede dividir lo que es del Ello, del Yo o del Superyó en una relación de objeto. Podemos decir que un vínculo está preponderantemente en relación con el Ello, o sea que la relación

---

[121] De Quiroga, Ana Pampliega. *Matrices de Aprendizaje*. Ediciones Cinco, Buenos Aires, Argentina, 1999. p. 44

[122] Ibídem. p. 24.

[123] Ibídem. p. 23.

puede ser más amorosa o más agresiva en este sentido"[124]. La relación vincular  que se establezca con la realidad reflejará el interjuego del Ello, del Yo o del Superyó, de ahí las formas en que los sujetos se comuniquen con los demás, con amor u odio, con interés o indiferencia, confiado o con celos, con cooperación o envidia, con altanería o sencillez o con ternura o agresividad, entre otros.

Es la familia, como grupo primario de génesis de la subjetividad, uno de los principales responsables de la forma en que cada uno de los elementos de esos pares se exteriorice; al ser el contexto de socialización, por excelencia, del desarrollo humano y uno de los principales predictores del ajuste o desajuste psicosocial de la persona.

Otro de los contextos socializadores o mecanismos ideológicos lo es la escuela con su sistema educativo. Para el niño, el ingreso a la institución escolar marca una ruptura, una discontinuidad con sus modelos de aprendizaje previos, a pesar de que la familia es reproductora de las relaciones sociales dominantes y transmite su ideología, en múltiples casos, ésta, desde un supuesto saber, inhibe, frustra sus necesidades, discontinuidad que puede significar una crisis para este, la cual tampoco es superada con la entrada del ya adolescente a la enseñanza secundaria; que marca en él, en su familia y hasta en su barriada, un momento muy importante, pues le otorgan otro estatus y se esperan cambios en su nuevo rol de escolar secundario. Se presenta un proceso de integración grupal que articula las experiencias grupales previas y la nueva situación grupal.

La escuela, en tanto, lugar de aprendizaje curricular, oficializado e instituido socialmente, no siempre posibilita la función socializadora, incluso, a veces, en este nivel del proceso sienten los temores por el "enfrentamiento "a los y a las adolescentes. Cuándo la escuela presenta deficiencias en esta función no puede suplir las carencias que algunos alumnos traen de su seno familiar, tanto puramente educativas como afectivas; no ayuda a formar intereses cognoscitivos y espirituales en sentido general y con ello contribuye a un distanciamiento del alumno con la institución escolar y lo acerca, en muchos casos, a grupos informales con una inapropiada adaptación social. También podemos decir que en ocasiones los adolescentes que presentan inadaptación escolar la manifiestan agrediendo a los profesores y a sus pares. Especialmente a los primeros, pues los individuos que pertenecen a la adolescencia, muchas veces generalizan

---

[124] Pichón Riviére, Enrique. *Teoría del Vínculo.* Ediciones Nueva Visión, Buenos Aires, Argentina, 1992. p. 48.

la incomprensión familiar a todas las relaciones con los adultos, incluida la escuela, cerrándose a las vías adecuadas de educación.

En el sistema de educación cubano está prevista la atención a las diferencias individuales, al desarrollo de la creatividad y al protagonismo; sin embargo, existen maestros y profesores que no asumen esas posiciones e impiden el desarrollo sometiendo al niño a la docilidad, a que sea aplicado y a que acepte los mensajes que ellos emiten como "sagrados"; en el libro Matrices de Aprendizaje, se expone: " **André Lapierre**[125] señala que inmovilizar el cuerpo infantil o adolescente tras un banco es indicador de la incompatibilidad esencial del sistema educativo con el chico como sujeto de la necesidad, de la fantasía, de la creatividad, de un hacer protagónico ".

Con estas contradicciones el sujeto emerge en la adolescencia, con insatisfacciones, disgustos, conflictos, freno en el desarrollo, confusiones, impotencia, sometimiento que los desborda y los hace, en ocasiones, comportarse agresivamente o, en el peor de los casos, simulando; pues la represión a que generalmente son sometidos en la enseñanza anterior no les permite llegar a esta etapa con la alegría del descubrimiento de lo nuevo, sino atemorizados o rebeldes. Pues la adolescencia se caracteriza por una elevación de la sensibilidad a las influencias patógenas. Por eso la tensión nerviosa prolongada, los afectos y vivencias emocionales de marcado tinte negativo como el temor, la ira, y los sentimientos de ofensa y agravio pueden ser motivo de perturbaciones endocrinas, cese transitorio del ciclo menstrual, desarrollo de hipertiroidismo y de desórdenes funcionales del sistema nervioso, algunos síntomas son la irritabilidad, la hipersensibilidad y la debilidad de los mecanismos de contención[126].

El interjuego de los factores explicados, pueden dar lugar, principalmente, en la primera etapa de la adolescencia a que los chicos y chicas se comporten con agresividad, puesto que las manifestaciones coléricas de la conducta agresiva como: ira, rabia, gritos, agresiones, críticas e ironías, provocaciones, discusiones e inconformidades, acompañadas de excitación y angustia, coinciden con las vivencias emocionales anteriormente descritas y causadas por la influencia de los cambios del sistema endocrino sobre el sistema nervioso. Estas conductas dificultan en los y las adolescentes la compresión con las demás personas, se producen con frecuencia incomprensiones, desavenencias y desencuentros en sus relaciones interpersonales.

---

[125] Citado en: Quiroga, Ana Pampliega de: *Matrices de Aprendizaje.* Ediciones Cinco, Buenos Aires, Argentina, 1999. p.84.

[126] Papalia, Dianne E. y Sally Wendkos Olds: *Psicología del Desarrollo de la Infancia a la Adolescencia.* Editorial McGRAW-HILL, 1992.

La conducta adolescente también recibe la influencia de los medios de comunicación social como fuentes de los valores culturales. El contenido de muchos programas, películas, videos juegos, etc. es violento y muestran, incluso, con valoraciones morales positivas, múltiples vías y posibilidades que tientan a muchos y muchas a asumir comportamientos agresivos y hasta antisociales. Es conocido que en la niñez y en la adolescencia se es más vulnerable a los efectos negativos de la comunicación social.

En Cuba, aún cuando la comunicación social en general tiene un enfoque "primordialmente educativo", en ocasiones, en la radio y televisión, se exhiben películas u otros materiales con carga agresiva, no sólo, en los llamados horarios de adultos, sino en los espacios dedicados a los más pequeños. Si a esto se une que la mayoría de los padres no respetan los horarios diferenciados en la programación audiovisual y la exposición a la violencia se incrementa.

En los y las adolescentes la asunción de valores, normas y roles, entre otros, está también condicionada por los grupos secundarios, en tanto, grupos de pertenencia o de referencia a los que han pertenecido o pertenecen, en su condición de espacios de intermediación entre la estructura social y la individual, como lugar de transformación de la subjetividad. Sobre los grupos refiere **Cucco**[127]: "Los espacios grupales que transitamos desde el nacimiento pueden ser lugares de incidencia activa para los cambios y también pueden ser lugares de reproducción de lo más regresivo".

En la adolescencia el tiempo que el sujeto comparta con el grupo y con los amigos le permite observar y aprender conductas adecuadas o no; si la conducta agresiva es vista como valor ésta se tornará estable, instalándose como patrón fijo de su personalidad, lo que puede traerle trastornos y que se altere el logro de habilidades sociales para el trato interpersonal que debe adquirir en esta edad.

De la actitud del grupo de coetáneos para con el adolescente: valoración o rechazo, depende que éste se integre al grupo y tenga un desarrollo normal o una experiencia traumática que puede traducirse con el tiempo en hostilidad y aislamiento respecto a sus semejantes; en lo cual puede tener también, un importante papel, la dirección del profesor y de otros adultos.

En todo este proceso no se puede descartar, en el aquí y ahora mundial, las cargas que desde lo sociocultural se proponen, las cuales dan cuenta de un sujeto al que se le asignan normas, valores, acordes

---

[127] Cucco, Mirtha: *El rol del profesor. Aprendizaje, grupo y conflictos relacionales en el aula.* En Revista Vínculos, No. 5, diciembre 1997, Madrid. pp. 3-5.

con el modelo neoliberal que se quiere imponer en este momento histórico, asignaciones  que son asumidas, en la mayoría de los casos, acríticamente. Todo lo cual atraviesa ideológicamente a nuestro país, específicamente, a la familia, la escuela, al resto de los grupos por los cuales se transita.

Aunque es la propia  sociedad actual la que ha posibilitado (con el desarrollo de la ciencia y la técnica como logro de la humanidad) que niños y adolescentes de hoy pierdan espacios para el desarrollo de la imaginación, el despliegue de su afectividad, pues se ha creado una gran dependencia de la televisión, de los juegos en los equipos de computación, etcétera; desarrollo de la nueva tecnología, que han "aprovechado" los padres, para tener a los hijos horas y horas delante de la TV y así poder estar realizando otras tareas, sin apenas ocuparse de ellos, ni siquiera para responderles a sus hijas e hijos los ¿por qué? de las múltiples preguntas que surgen.

La época actual ofrece un conjunto de pautas de socialización que al decir de **Mirtha Cucco** ponen a la adolescencia en riesgo. Entre estas pautas la autora destaca: la apología al individualismo con redes sociales rotas, ausentes; el cultivo del hedonismo, se propone un modelo de satisfacción inmediata de todos los deseos, donde desaparecen lo espacios para la elaboración de estrategias de satisfacción de las necesidades. Se proponen, además, modelos para la identidad sexual confusos. Esto se acompaña de ideales de consumo sin compromiso, vacío de normas, ruptura de la temporalidad, no hay historia ni futuro, solo presente inmediato.

Estas son condiciones de la época actual que de una u otra forma también llegan hasta nosotros. Por otra parte, la situación socioeconómica de nuestro país se inserta en la que vive América Latina y el Caribe como región, es decir, estamos afectados por  la crisis económica capitalista, el desarrollo de la competencia tecnológica, la competitividad internacional y los valores culturales, cada vez más superficiales, que se intentan globalizar por todos los medios posibles, entre otros factores.

Nuestro modelo social profundamente humanista y revolucionario continua promoviendo la correspondencia entre lo individual y lo colectivo, donde lo grupal colectivo media, sosteniendo y conteniendo el respeto y el desarrollo de la individualidad. De ahí que se vea con preocupación la posibilidad de que existan adolescentes y jóvenes cuyos caminos se alejen de los comportamientos deseados, aún cuando estos sean grupos minoritarios.

Es por todo esto que se han trazado diferentes acciones dirigidas a este segmento de la población, instrumentadas en los últimos años por el Estado cubano y las diferentes organizaciones de la Sociedad Civil.

### *Consideraciones acerca de la agresividad.*

La conducta agresiva, como una de las tantas formas de expresión de  violencia, se ha convertido en los últimos años en foco de atención priorizado de diversos profesionales, psicólogos, psiquiatras, juristas, trabajadores sociales,  entre otros. Acerca de la agresión, ya hoy en día se pueden encontrar alrededor de 300 definiciones, sin contar las operacionalizaciones realizadas.

En el libro de Psicología Social de **León Rubio** y colaboradores, se plantea que "la agresión es la conducta que tiene la intención de herir o dañar a alguien, como un fin en si misma (agresión hostil) o como un medio para conseguir algún otro fin (agresión instrumental)".[8] Según el criterio de estos autores, las investigaciones sobre la agresión se han centrado en cuatro ideas fundamentales:

1. Existe un impulso agresivo innato.
2. La agresión es una respuesta natural a la frustración.
3. La conducta agresiva es aprendida.
4. La agresión puede entenderse como ejercicio del poder coercitivo.

Los representantes de la primera de las ideas son **McDougall**[128] y **Sigmund Freud**[129], los cuales consideran a la agresión como un patrón de conducta o impulso biológico, no aprendido, exhibido por todos los miembros de la especie.

**Sigmund Freud**[130], en sus primeros estudios sobre la agresión, planteó que esta  era una "reacción primordial" del ser humano ante su imposibilidad de buscar el placer o evitar el dolor. Más adelante sus investigaciones le llevaron a la conclusión de que en todo individuo existe un instinto innato de destrucción y  muerte.

La segunda idea la defienden **John Dollard**[131] y su equipo de investigación (el denominado grupo de Yale), los cuales formularon su hipótesis de la frustración - agresión y fue hasta mediados de los setenta el enfoque predominante sobre el estudio de la agresividad. Estos autores plantean que existe una vinculación muy estrecha entre

---

[128] Citado en: León Rubio y colaboradores: *Psicología Social. Orientaciones teóricas y ejercicios prácticos.* Mc Graw Hill, Madrid, España, 1998. p. 217.

[129] Ibídem. pp. 118-124.

[130] Ibídem. pp. 118-124.

[131] Ibídem. pp. 118-124.

la conducta agresiva y la frustración. En 1939 **Dollard**[132], psicoterapeuta estadounidense, desarrolló la hipótesis de que la intensidad de la agresión es inversamente proporcional a la intensidad de la frustración. Para él, la frustración es una interferencia que impide llevar a cabo una respuesta de acercamiento al objetivo en un determinado momento.

Sobre la frustración como causa de la agresión también se pronunciaron **Enrique Pichón Riviére y Ana Pampliega de Quiroga**, planteando: "El mundo está sometido en su  totalidad a una frustración del hombre en su posibilidad de realizarse. De allí surgen tremendas tensiones cargadas de hostilidad y que cuentan con un común denominador: la agresión. Ese miedo es hoy una enfermedad universal y contra él surge un mecanismo de defensa: la violencia"[133].

La tercera idea se basa en la teoría del aprendizaje social. El psicólogo canadiense **Albert Bandura**, defiende que la agresividad se aprende por medio de la observación e imitación de modelos y que además el sujeto aprende que las conductas agresivas pueden ser útiles en determinadas situaciones.

A comienzos de los años 1960 realizó un experimento, que es ya clásico, sobre aprendizaje y agresión, un grupo de niños en edad preescolar veía una película en la cual un adulto golpeaba a una muñeca de plástico con un maso, la tiraba al aire, la pateaba y la abofeteaba. Después se dejó a cada niño jugando solo en una habitación con juguetes entre los que estaba la muñeca y se pudo observar que muchos de los pequeños que habían visto la película imitaron la conducta del adulto e incluso idearon modos nuevos de golpear a la muñeca; por su parte, los niños que no habían visto la película no mostraron  conductas agresivas.

La cuarta idea la expone **Tedeschi**[134], quien considera que la agresión puede ser definida como un ejercicio ilegítimo del poder coercitivo mediante amenaza o castigo y define la amenaza como una comunicación  a través de la cual una fuente u origen informa al destinatario que se le castigará en el futuro.

El profesor e investigador cubano **Diego González Serra** expresa que cuando la búsqueda de la satisfacción, de la seguridad y de la realización con respecto a determinadas necesidades es bloqueada, impedida, frustrada o mantenida en un estado de privación o de

---

[132] Ibídem. pp. 121-127.

[133] Quiroga, Ana Pampliega de: *Matrices de Aprendizaje*. Ediciones Cinco, Buenos Aires, Argentina, 1999. p. 11.

[134] Ibídem. pp. 10-14.

amenaza de privación o frustración; la necesidad se puede manifestar como sufrimiento o irritabilidad que conduce, a veces, en determinadas condiciones y personalidades, a respuestas agresivas hacia los demás, hacia sí mismo o por el contrario pueden descargar su tensión por vías inespecíficas; digamos, en la imaginación o en los actos sustitutivos de descarga.

En un trabajo presentado en el Congreso Internacional de Psicología, recién celebrado  en Santiago de Cuba, del 3 al 7 de abril del 2007, profesores de Psicología **Yatsela González Otero, Ailemys Rodríguez Chinea y Luís Felipe Herrera Jiménez**[135], del Centro Universitario de Sancti Spiritus, Cuba, expusieron un estudio en el cual señalan: "Los exámenes neuropsicológicos demuestran que  los niños y los adolescentes que sufren trastornos de conducta parecen presentar alguna clase de anomalía en el lóbulo frontal del cerebro, lo cual interfiere  en su capacidad para planificar, evitar los riesgos y aprender de las experiencias negativas. El lóbulo frontal se encuentra relacionado con la tercera unidad funcional, descrita por **A. R. Luria**, la cual es la encargada de planificar, regular y controlar la actividad psíquica y la conducta humana. El lóbulo frontal se encuentra relacionado con la tercera unidad funcional, descrita por **A. R. Luria**[136], la cual es la encargada de planificar, regular y controlar la actividad psíquica y la conducta humana." En las conclusiones del trabajo, los propios autores plantean: "Las manifestaciones neuropsicológicas típicas en el grupo estudiado resultaron ser: insuficiencias en la motricidad fina, atención selectiva, disminución de la amplitud perceptual, deficiencias en el recuerdo inmediato y mediato; limitaciones en los procesos intelectuales, tanto del pensamiento práctico-espacial, como del teórico, particularmente ante las exigencias que requieren hacer uso de nexos lógico-abstracto y de la síntesis simultánea. Además se encuentran alteraciones en el lenguaje, la lectura, la escritura y el cálculo. También se observaron deficiencias en la autoestima, en el control de los estados emocionales, predominando expresiones de ansiedad como rasgo y estado, depresión, aislamiento, impulsividad, agresividad y labilidad afectiva.

En  relación a las conceptualizaciones, que sobre la agresión se han expuesto,  se considera pertinente hacer algunas precisiones:

---

[135] González Otero, Yatsela, Ailemys Rodríguez Chinea y Luís Felipe Herrera Jiménez: *"Los trastornos de conductas en los adolescentes: un abordaje desde la neuropsicología"*. Revista Santiago, Edición Especial, 2007. ISSN 0048-9115.

[136] Ibídem. pp. 22-23.

- La agresividad tiene un sustrato biológico. El investigador **Myers**[137] mostró a la agresión no como instintiva, pero sí influida biológicamente, pues se han encontrado sistemas neurales complejos que facilitan la misma, concretamente en la amígdala (en el interior del cerebro); su reactividad es influida genéticamente y su sensibilidad por la química sanguínea, dígase, alcohol, testosterona, azúcar.

- El bloqueo de la conducta dirigida hacia una meta, es decir, la frustración, puede crear un motivo para agredir; aunque el temor al castigo o a la desaprobación por agredir a la fuente de la frustración puede desplazar el impulso agresivo contra otro blanco o a veces, contra uno mismo.

- Por otra parte, se debe aclarar que la frustración no da lugar invariablemente a la agresión, pero si predispone emocionalmente a actuar de esa forma, en determinadas condiciones y en personas propensas. Pues ante toda frustración no se responde con agresividad, ni es esta la causa única de esta conducta.

- La agresividad también tiene un condicionamiento social. En sus afirmaciones, González Serra tiene en cuenta el principio del condicionamiento social de la psiquis humana y la relación entre necesidad y satisfacción.

- En efecto, como plantea **Bandura**[138], la conducta agresiva se puede aprender por imitación de modelos, tal y como se observa en niños de familias agresivas; pero también se constatan niños que en estos mismos medios familiares no se comportan como agresivos, quizás, por la contención de la escuela o por características del temperamento, entre otras. Sin embargo, no se puede absolutizar, esta vía de condicionamiento de la agresividad pues, incluso entre los niños que participaron en la experiencia de **Bandura**, no todos actuaron luego agresivamente.

- En cuanto al aprendizaje de la conducta agresiva, se debe aclarar que seres humanos y animales pueden aprender a evitar una reacción agresiva ante situaciones que originan una respuesta hostil, y pueden actuar de manera agresiva frente a situaciones que no provocan violencia. También se debe considerar la importancia de los valores culturales y familiares para la agresión como reflejo de lo externo, ya que muchas culturas y familias conceden un valor positivo a la violencia y a la agresión y con su influencia permiten que ciertas conductas agresivas sean reforzadas, lo que posibilita que los individuos, después de haber aprendido dicha conducta, la sistematicen

---

[137] Ibídem. pp. 23-25.

[138] Bandura A.: "*Aggression: A social Learning Analysis*", Ronald Press N.Y., 1973

ante los resultados positivos obtenidos, dentro de los cuales pueden incluirse las aprobaciones de los demás.

• La conducta agresiva, como toda forma de conducta, tiene una salida fisiológica. En relación con esto, **Archer** y **Browne** consideran que a partir de la intensidad y de la significación del estímulo para el sujeto se producirán diferentes reacciones, como taquicardia, contracción muscular, enrojecimiento de la cara, sudoración y otras muchas.

• Es muy importante subrayar que si se concibe al hombre como ser único, irrepetible e histórico-social y, por tanto, integral, no se pueden disociar sus sentimientos de su conducta pues, justamente, el ser humano ama, odia, es tierno, agresivo, siente rabia, amistad, celos, pasiones, envidia, es cariñoso y solidario, al ser portadores de un psiquismo, de una subjetividad, con múltiples sentimientos, sensaciones, emociones, que siente placer y dolor, tristeza, alegría. Se ha nacido y crecido en la matriz de lazos humanos, en los cuales se han formado los códigos, de lo bueno o lo malo, de que hacer o no hacer, con la posibilidad de revisar y de transformar esos códigos con los cuáles se mira al mundo y a uno mismo. Pues el sujeto emerge como estructura individual, que se construye a partir de una red de vínculos, en una estructura grupal (familiar y la del resto de los grupos a los cuales se pertenece) e institucional y, por supuesto, sostenido por un proyecto y una determinada estructura social.

**Presentación del Programa de Intervención: "Amistad vs. Agresividad".**

El programa tuvo como propósito contribuir al inicio de un proceso de cambio en la manifestación de conductas agresivas de un grupo de adolescentes, teniendo como novedad la realización de un Experimento Pedagógico, en forma de Programa de Intervención que toma como dispositivo para operar el Grupo Formativo, método que propone la Metodología de los Procesos Correctores Comunitarios.

El eje temático del programa es la amistad, potenciada como valor para que se convierta en una vía para enfrentar la agresividad en los adolescentes que la han asumido, teniendo en cuenta la importancia que tiene el valor amistad para los cubanos y de forma particular, para nuestros adolescentes. Uno de los adolescentes agresivos, así la define: "La amistad es algo que nosotros tenemos adentro del corazón y algo grande para nosotros".

Los objetivos generales del programa son:

• Crear un espacio de reflexión, donde los adolescentes agresivos puedan valorar los malestares que causa la conducta agresiva.

- Ofrecer información sobre lo perjudicial que es la agresividad para las relaciones interpersonales y en especial para la amistad.

Con estos objetivos se abordan los temas de (amistad, adolescencia, agresividad y autoestima) en las 5 sesiones del programa. (A continuación se muestra)

### ¿Por qué la Metodología de Intervención Comunitaria en los Procesos Correctores Comunitarios (ProCC)?

La Metodología de Intervención Comunitaria en los ProCC está diseñada como una herramienta que permite operar cambios saludables en el modo de vida de la población, en este caso la población adolescente. Su autora es **Mirtha Cucco**[139], psicóloga argentina, directora del Centro de Desarrollo de Salud Comunitaria "Marie Langer", Madrid. La teoría que refiere y el método que propone aportan valiosos elementos para propiciar el cambio y el bienestar de los sujetos; este enfoque abre a la población espacios de análisis y reflexión grupal sobre diversas de sus problemáticas y potencia un saber que posibilita la instrumentación de acciones correctoras, desde la asunción, por parte de ellos de un rol  cada vez más protagónico.

Esta propuesta metodológica permite que el profesional y la comunidad tengan un vínculo cualitativamente diferente, pues se modifican las relaciones de poder centrada en el investigador, se desarrolla el saber social de la comunidad lo que permite una retroalimentación mutua. Está presente una concepción humanista, por ende, de respeto y confianza en la capacidad de los seres humanos, como individuos y como miembros del grupo; independientemente de la etapa del desarrollo que estén atravesando.

Esta metodología le otorga el valor fundamental a la modalidad grupal, por considerar el espacio grupal el lugar más operativo de crecimiento y aprendizaje, en tanto lugar de génesis y transformación de la subjetividad. Y desde los supuestos teóricos y requerimientos técnicos de la modalidad de Grupo Formativo. Se apoya en una teoría del crecer que concibe al sujeto como emergente de una historia de sucesivos vínculos. Al respecto se refiere de **Quiroga**: "Surge la caracterización que **Enrique Pichón-Riviére** hace del sujeto como emergente, producido en una complejísima trama de vínculos y relaciones sociales. Producido y emergente, en tanto determinado, pero a la vez productor, actor, protagonista. **Enrique Pichón-Riviére** sostiene: "Entiendo al hombre como configurándose en una actividad transformadora, en una relación dialéctica,

---

[139] Cucco, Mirtha y Luis Losada: *El espacio grupal lugar de génesis y transformación.* Material docente del Centro de Formación e Investigación Marie Langer, Madrid.

mutuamente modificante con el mundo; relación esta que tiene su motor en la necesidad"[140].

La vida cotidiana es el objeto de estudio que la mencionada meteodología tiene, en ella se presentan contradicciones y conflictos a resolver que generan malestares desde las contradicciones entre las necesidades de desarrollo de los individuos y los roles asignados – asumidos y normalizados en los diferentes grupos de pertenencia, por ejemplo: agresivos-agredidos. En ambos polos del rol se producen malestares que afectan la salud concretamente en esta acción investigativa: en alumnos, profesores, personal no docente, padres y población en general.

El método propuesto desde los referentes de esta metodología es el **Grupo Formativo (GF)**, que en este estudio ha sido utilizado como el método educativo básico de la experiencia realizada. **Cucco**, citado por **Córdova**, describen este método como un espacio de reflexión grupal para el estudio y elaboración de las problemáticas, conflictos, contradicciones de la vida cotidiana, que causan malestares en la población; dando lugar a la toma de conciencia y contribuyendo a su resolución al potenciar las bases para el desarrollo del protagonismo personal - social en la búsqueda de alternativas[141].

También señalan que en este grupo se integran las tres dimensiones presentes en cada sujeto; la vertical (historia vincular individual); la horizontal (producto de la interacción grupal de cada uno) y la transversal (cargas socioculturales, asignadas-asumidas).

Este método cumple funciones investigativas y correctoras, al abordar los roles sociales y sus problemáticas. Se caracteriza por tener un encuadre preciso, que no permite la disociación del planteamiento temático. Refiere, **Mirtha Cucco**: "Los efectos correctores y/o de transformación del GF se obtienen desde un curso de acción cuidadosamente planificado, son registrados con la observación rigurosa de todo el acontecer grupal para su interpretación posterior, la cual será compartida con los miembros del grupo teniendo en cuenta sus necesidades y nivel de desarrollo"[142].

---

[140] Quiroga, Ana Pampliega de: *Matrices de Aprendizaje.* Ediciones Cinco, Buenos Aires, Argentina, 1999. p. 11.

[141] Córdova Llorca, María Dolores: *Los Indicadores Diagnósticos de Población. ¿Cómo identificarlos?* Material de estudio de la Maestría de Intervención Comunitaria en los Procesos Correctores de la Vida Cotidiana.2003. Pp. 4-5.

[142] Quiroga, Ana Pampliega de: *Matrices de Aprendizaje.* Ediciones Cinco, Buenos Aires, Argentina, 1999. p. 11.

Las raíces teóricas del GF están en la concepción de **Pichón Riviére** acerca del proceso grupal. La **Cucco** retoma sus aportes pero da un salto cualitativo al introducir el concepto de grupo formativo. **Córdova**, en la página 112, del libro Intervención Comunitaria..., de Rebollar, plantea entre otros elementos,  que el GF, es un "dispositivo para operar",  que surge del funcionamiento de un grupo con determinadas técnicas, recursos, que está dirigido por un equipo de coordinación preparado desde esta metodología y que tiene objetivos de aprendizaje y cambio bien delimitados.

Cada sesión consta de: objetivos, contenido y desarrollo.

El análisis de las observaciones realizadas en cada sesión de grupo formativo se realizó con los procedimientos de la investigación cualitativa interpretativa:

1.	Síntesis descriptiva: la cual consiste en describir en palabras de los actores el sentido o significado construido por las y los sujetos en el grupo y que se revelan en sus intervenciones, para lo que se utilizan las frases ilustrativas expresadas así como un análisis de los temas más abordados. Se analiza lo explícito, haciendo una síntesis de los hechos.

2.	Síntesis interpretativa: que consiste en develar los aspectos subyacentes de cada sesión, ansiedades, resistencias, emergentes, silencios y temores provocados por el eje temático, que es la amistad como contrapartida de la agresividad; en  cada uno de los momentos de la sesión y la valoración de los indicadores del desarrollo grupal, para ello se hará la lectura, desde los vectores del * cono invertido * introducidos en la teoría psicológica por Enrique Pichón-Riviére, teniendo en cuenta que explicar lo que acontece y evaluar grupalmente el proceso de intervención es de vital importancia. Permite comprender el proceso de análisis sostenido por los participantes con relación a la tarea acometida, lo que a su vez se expresa en la explicitación de lo implícito.

El cono invertido se explica en los libros  **"Pichón Riviére, una vuelta en espiral dialéctica"**, de **Mercedes García** y **Daniel Waisbrot** y en "Contribuciones de **Enrique Pichón Riviére** a la psicoterapia de grupo" de **Marcos Berstein.** No obstante aquí se hará una breve referencia  al mismo.

En la base de dicho cono, **Pichón Riviére** ubica los contenidos manifiestos o explícitos y en la punta, los "universales implícitos", que serían las fantasías latentes que siempre aparecen en mayor o menor medida; miedos al cambio y resistencias frente al mismo; sentimientos básicos de inseguridad y el modo de aprender y la forma de comunicación aprendida. Estos "universales" o fantasías latentes, impiden el proceso de cambio y dificultan la operatividad para instrumentalizar nuevas representaciones.

**Las variables del cono invertido son:**

* *Pertenencia*: La misma responde a la motivación por la actividad, cómo se identifican los distintos miembros del grupo con la tarea, con el resto del grupo,   con la asistencia al mismo y con la puntualidad.

* **Pertinencia**: Es la capacidad para centrarse en la tarea, se mide por el monto de la pre-tarea, la productividad del grupo (conjunto y calidad de las reflexiones, dramatizaciones y comentarios desde sus contenidos y los sentimientos explicitados). Además del interés por los temas y recursos utilizados.

* *Cooperación*: La contribución a la tarea grupal sobre la base de la asunción de roles diferenciados, complementarios e intercambiados para el logro de la misma.

* *Comunicación*: Valorar la asunción de un esquema conceptual referencial y operativo (ECRO) por parte de ellos como grupo, cómo se dicen los mensajes, su fluidez  de uno hacia todos, de todos hacia uno, si se da entre dos, aislándose del resto del grupo o se presenta de manera orgánica, entre todos.

* *Aprendizaje*: Es el ritmo y forma de solución de  obstáculos que impiden el aprendizaje, es la cantidad y calidad de la información que ofrecen los miembros del grupo,  que propician un salto cualitativo en el saber grupal,  en su creatividad, o "insigth", en la elaboración de ansiedades, la concientización de las contradicciones y los deseos de cambio.

* *Telé*: Rechazo o aceptación inicial de cada uno de los miembros con el resto del grupo, la coordinación y para trabajar la tarea.

En la concepción del grupo formativo la tarea se puede abordar, entre otros recursos, con el juego dramático; que es, al decir de Alicia Minujin, un elemento central del método. Este se constituye en un disparador de la reflexión grupal, en tanto, pone en escena una porción de la realidad social, un hecho cotidiano como expresión de la carga sociocultural a los roles sociales. Refiere **Minujin**: " El juego dramático es una escena de la vida cotidiana que permite evidenciar conflictos generados por las cargas socioculturales – procedentes tanto del pasado como del presente – incorporadas sin concientizar como parte de lo "normal", que pautan las formas de asumir los roles  y establecer los vínculos afectivos"[143]

En el juego dramático se emplean las **técnicas básicas del psicodrama**, las que se indican por la coordinación en el momento oportuno.

*Soliloquio*: Se detiene momentáneamente la dramatización de la escena, y el personaje dice en voz alta lo que esta sintiendo y pensando.

*Doblaje*: Un miembro del público o de la coordinación se coloca detrás del protagonista o de un "yo auxiliar" y habla en voz alta, desde el personaje que está dramatizando esa otra persona.

*Cambio de roles:* Se solicita que continúe la escena; pero intercambiando roles: el protagonista comienza a desempeñar el rol de un "yo-auxiliar" y viceversa.

*Espejo:* Es una variante del cambio de roles. El que protagonizaba un rol pasa al público y observa la misma escena que él representaba, dramatizada por otro.

Además de los participantes seleccionados, este grupo cuenta con una persona especializada que coordina, se encarga de la conducción de las sesiones, sin tener una dirección protagónica, velando porque el grupo no se pierda en divagaciones, fuera del tema y de hacer las devoluciones pertinentes. Una persona, también especializada, observa, su tarea consiste en el registro de datos que permitan el planteamiento de hipótesis acerca del proceso de interacción con el grupo, en relación con sus objetivos, con las modalidades de abordaje de la tarea y con los obstáculos que se presentan en ella. Debe evitar tomar parte activa en las sesiones así como hacer señalamientos a la coordinación o a los miembros del grupo.

Cada sesión de trabajo grupal se compone de tres momentos fundamentales, los cuales describiremos a continuación, tomando como referencia, el libro de Intervención Comunitaria, de **Rebollar**[144]:

### 1. Momento inicial:

*Informal*: Son las formas de llegada de los miembros del grupo, donde se produce el intercambio de saludos (si el grupo se

---

[143] Citado en: Rebollar Sánchez y Maricel Alba: *Intervención Comunitaria. La Metodología de los Procesos Correctores Comunitarios. Una alternativa para el crecimiento humano en la comunidad.* Centro Nacional de Educación Sexual, 2003. p.47.

[144] Ibídem. pp. 47-69.

encuentra en ese momento), de informaciones, comentarios y se hacen notables las ansiedades que despierta el encuentro.

***Formal***: Con la rueda inicial se pone al grupo en "set", el grupo sitúa elementos en común sobre las vivencias e ideas que generó el tema de la sesión anterior, se produce una primera devolución del coordinador.

***Encuadre***: Es la delimitación clara del contenido y forma en el cual se desarrollará el trabajo grupal, es una especie de contrato donde se delimitan responsabilidades, funciones y roles asignados asumidos del coordinador y los participantes.

***Caldeamiento general y/o específico***: Consisten fundamentalmente en ejercicios corporales que se adecuen a la tarea y al estado del grupo, permiten la preparación de los integrantes para la tarea, disminuyendo las ansiedades que genera la misma.

### 2. Momento elaborativo:

***Planteamiento temático y la propuesta de recursos***: Donde se presenta el tema a trabajar, se ubica la escena y presentan los personajes básicamente a través de diversas técnicas participativas.

***Desarrollo de la escena***: Se emplean  técnicas que tienen un carácter proyectivo y los recursos psicodramáticos del juego dramático, con la realización de escenas pautadas por el coordinador.

***Momento elaborativo específico***: Los participantes analizan y elaboran apoyándose en las reflexiones del resto de los miembros, que legalizan y verbalizan sus sentimientos e ideas en torno a lo reflejado en la escena. La coordinación ofrece elementos de análisis para potenciar la reflexión grupal y hace la devolución, que representa la síntesis elaborativa, de lo planteado a partir de los emergentes temáticos y dinámicos detectados.

### 3. Momento de integración, evaluación y cierre:

***Ronda Grupal:*** Que refleja lo sentido, vivido, lo removido o la mayor impresión que han tenido los miembros del grupo y pueden expresar en palabras, poemas, esculturas, u otra forma de creación humana.

***Devolución final***: El coordinador hace una devolución evaluativa y de contención de ansiedades desbordadas durante la sesión.

**Breve fundamentación de porque se seleccionó el valor amistad en el programa propuesto.**

El estudio de la amistad se debe enmarcar en la práctica de una sociedad dada y en las peculiaridades de la misma, principalmente en lo referente a los valores y su formación desde los primeros años.

Ya se ha dicho que el hombre como ser social depende para su desarrollo y bienestar del contacto y los vínculos establecidos con los otros individuos. En el proceso de socialización y desarrollo de la personalidad del ser humano en general y del adolescente en especial, tienen un gran peso los vínculos en los cuales se inserte. En esta edad, el vínculo con los pares se convierte en el contexto de socialización más influyente, se profundizan las amistades y se es más selectivo al escoger a los amigos y amigas.

En la etapa del desarrollo que se estudia, la relación con el grupo de coetáneos se convierte en una necesidad básica, la cual el sujeto tratará de satisfacer, buscando ocupar un lugar en el interjuego de roles adjudicados-asumidos que se ejercen en cada uno de los grupos a los cuales pertenece y estableciendo relaciones de amistad, las cuáles en relación con etapas anteriores, ganan en importancia, estabilidad e intensidad. Pues, aunque las relaciones de amistad no son exclusivas de la adolescencia, ya que niños y niñas dedican una gran parte importante de su tiempo a jugar con los amigos; ahora se producen algunos cambios importantes en este tipo de relaciones.

**Carolyn Shantz** describe que en este momento los vínculos que unen a los amigos son  bastante fuertes como para sobrellevar algunas peleas que entre los niños de 9 y 10 años podrían conducir a la ruptura. Existe, pues, una mayor tolerancia en los adolescentes en comparación con el niño ante las frustraciones y desavenencias experimentadas con respecto a sus pares.

**Bernd**, otro estudioso del tema, plantea que las amistades tienden a ser más cercanas e intensas en la adolescencia que en ninguna otra época de la vida. Sobre ello escriben **Papalia y Wendkos:** "Una explicación de esto se apoya en el desarrollo cognoscitivo. Muchos adolescentes son más capaces de expresar sus pensamientos y sentimientos y compartirlos con sus amigos; también son más capaces de considerar el otro punto de vista de la persona y así pueden comprender mejor los pensamientos y sentimientos de sus amigos."[145]

En la literatura (**Schneider, Remplein, Hurlock, Coleman, Newman**)[146] existe un cierto consenso al destacar las relaciones de

---

[145] Ibídem. p. 124.

[146] Coleman, J. *Friendship and the Peer Group in Adolescence.* In J. Adelson. Ed. Handbook of adolescent, New York: Wiley, 1980.

amistad, entre las bases para el desarrollo adecuado de los seres humanos, ya que propicia el intercambio continuo de intereses, valores, afectos, formas de actuar y pensar, en tanto, se considera al grupo de compañeros y amigos como fuente de afecto, simpatía, comprensión y punto de apoyo para lograr la autonomía e independencia de los padres y para enfrentar las nuevas experiencias.

Los y las adolescentes como personas, están necesitados de la amistad e interacción constante, si ha esto se añade que están aun elaborando los importantes cambios de la pubertad, de la transición escolar y además vivencian diversas contradicciones con los adultos de la familia, se entiende que busquen en la amistad un potencial de beneficio y apoyo para la exploración de su intimidad e identidad y modos alternativos para expresar emociones y resolver conflictos.

Por otra parte, el trabajo de muchos años con adolescentes nos ha permitido observar no solo la agresividad en algunos de ellos, sino también  la ternura que existe en esta etapa de la vida. Existen documentos escritos, por  adolescentes que así lo corroboran, uno de ellos, es la dedicatoria a un libro que una adolescente hace a su sobrino de 6 meses y dice así: *"Leer es adentrarse, no en una fantasía, sino en otra realidad, que la vives y la sientes al igual que vives a diario. Lee mucho Bebé Potter que con la magia de la lectura serás mejor cada día"*. ¿Porqué no aprovechar la ternura que llevan dentro?

La ternura hacia otro ser es una demostración de los sentimientos de una persona y puede ser, uno de los valores humanos mas preciados. Entonces, ¿Qué valor seleccionar en el trabajo con adolescentes agresivos? Preguntémonos desde la teoría, ¿cuál es la necesidad básica en esta etapa del desarrollo? La relación con el otro, los grupos de pertenencia; las relaciones con los compañeros, las cuales ganan en importancia, intensidad y estabilidad. Sobre este particular coinciden diferentes autores aún desde diversas escuelas, como por ejemplo, **Bozhovich**[147] y como refiere **Oliva** en la página 502, del libro "Desarrollo Psicológico y Educación", reeditado en el 2001, cuando señala que el grupo de iguales se convierte en el contexto de socialización más influyente en estas edades. Y como dice este último, que aunque las relaciones de amistad no son exclusivas de la adolescencia, se  diferencian porque durante la infancia los amigos son, por lo general, los compañeros de juego, condicionándose la relación, sobre todo a la cercanía física y a la posibilidad de interactuar a diario, pero al llegar a la adolescencia estas relaciones gozarán de una mayor

---

[147] Bozhovich, L.I. *La  personalidad y su formación en la edad infantil.* Editorial Pueblo y Educación, La Habana, Cuba, 1976.

estabilidad sin que el alejamiento físico o temporal de los amigos suponga el fin de la relación.

En el párrafo anterior, están presentes dos elementos importantes, uno es el *grupo* y el otro la *amistad*. ¿No es acaso la amistad, una relación que lleva implícita la ternura? Entonces, se seleccionará, el valor amistad teniendo en cuenta también, la prioridad que tiene este valor, para los y las adolescentes en Cuba, desde su formación como tradición martiana y reforzada por los objetivos de la educación en valores como fidelidad, dignidad, humanismo, honestidad, respeto, internacionalismo, solidaridad, ayuda mutua, colectivismo, *amistad*, lealtad, confianza, u otros, entre los cuales no tiene cabida la agresividad en las relaciones interpersonales. Una de las frases célebres de nuestro Héroe Nacional, **José Martí**[148], dice: *" Si me preguntan cuál es la palabra más bella diré Patria, y si me preguntan por otra casi tan bella diré que es Amistad"*.

En una investigación realizada con adolescentes canadienses, costarricenses y cubanos (**Schneider, Soteras y Woodburn**)[149] en la cual se estudiaron la competitividad y la amistad, se reiteró la prioridad que tiene la amistad, para los y las adolescentes en Cuba. En este estudio se mostró el valor que tiene la amistad en los adolescentes cubanos, los cuales compiten, con sus amigos para mejorar sus propios resultados, no para sentirse superiores, ni humillar a sus compañeros y amigos, las observaciones de esta investigación también evidenciaron que los cubanos se ayudan mutuamente mientras se preparan para competir.

Entre los hallazgos de dicha investigación, tenemos que "la competencia para elevar el ego parece tener consecuencias negativas para las relaciones de amistad en Cuba, mientras que la comparación con otros para mejorarse parece ser valorada favorablemente. El hecho de que la competitividad engendre consecuencias relativamente fuertes en la cultura adolescente cubana es la indicación más directa en nuestros datos que los adolescentes cubanos tienen internalizados los valores de sus pares y usan estos valores en sus decisiones sobre la amistad. Sin embargo, quizás la aplicación más útil de nuestros resultados sería reiterar la distinción entre competitividad para elevar el ego y comparación con otros para mejorarse. Los niveles relativamente altos de comparación con otros para mejorarse en Cuba, y los beneficios de esta forma de interacción, nos hace preguntarnos si

---

[148] Martí, Pérez, José.. *La amistad en el hombre*. Obras completas. Tomo III. Editorial Progreso. La Habana Cuba. 1965. pp 443-438

[149] Soteras del Toro, Barry Schneider y Sharon Woodburn: *Competencia y relaciones de amistad entre adolescentes cubanos*. Revista Santiago, No. 101, Edición Especial, 2003. pp 52-66

la comparación con otros para mejorarse juega un papel importante en los éxitos de Cuba en áreas como el deporte y la educación"[150].

La amistad como realidad que está presente a lo largo de la vida del ser humano, es una relación voluntaria que se basa en la reciprocidad y en el gusto de estar y hacer cosas juntos, en la que el balance coste-beneficio es siempre positivo; en tanto permite a las personas dar de sí sus más bellas cualidades y sentimientos, como ternura, consuelo, confianza, apoyo, ser humano, fidelidad, refugio, comprensión, cooperación, lealtad, sinceridad, solidaridad, alegría.

### Conclusiones.

- Se evidencia una necesaria <u>prevención</u> de las conductas agresivas en los adolescentes desde etapas tempranas del desarrollo, realizando una labor, mancomunada y sistemática con los menores en riesgo, desde las familias e instituciones escolares.

- Los participantes del grupo, valoraron la influencia que ejerce en su comportamiento agresivo su entorno familiar y escolar y lograron salvar y estimar la amistad como valor que puede ser dañado y además utilizarlo como contrapartida de la agresividad.

- Los adolescentes con manifestaciones agresivas modificaron visiblemente su conducta durante y al final de la aplicación del programa, lo cual pudo comprobarse con los cuestionarios aplicados dos meses después.

- Los resultados obtenidos se valoran de altamente positivos y gratificantes, ya que se alcanzaron cambios significativos en las conductas agresivas de los adolescentes

- El programa de intervención "Amistad Vs. Agresividad" demostró ser válido para aplicar en un contexto histórico cultural diferente, con una muestra con características que difieren de los intentos anteriores a este estudio.

- Es válida y efectiva su utilización en otras muestras de adolescentes, de cualquier lugar, escuela, sexo o edad.

- Resumiendo lo anterior puede declararse que el Programa "Amistad vs. Agresividad" ha aportado a estos adolescentes medios, un aprendizaje significativo que los ha llevado a un proceso positivo de cambios en sus conductas y manifestaciones agresivas que complicaban sus relaciones de amistad.

---

[150] Ibídem pp. 62-66.

## Presentación del Programa: "Amistad vs. Agresividad"

El programa consta de cinco sesiones de trabajo de dos horas de duración, lo que hace un total de 10 horas y el número de participantes posibles puede ser hasta de 20 adolescentes.

**Objetivo general del programa:**

Crear un espacio de reflexión grupal que facilite el cambio de la manifestación agresiva en los y las adolescentes identificados como tales.

**Contenidos del programa:**

Es un programa que siempre es reelaborado desde las características concretas de cada grupo.

Los temas básicos son:

- Relaciones interpersonales y amistad.
- Importancia de la relación de amistad en la adolescencia.
- Consecuencias de la ruptura de las relaciones de amistad para los y las adolescentes.
- Conducta agresiva como una de las causas de la ruptura de las relaciones de amistad.
- Causas del surgimiento y desarrollo de la conducta agresiva y la repercusión negativa en las relaciones de amistad de la adolescencia.

El programa consta de cinco sesiones de trabajo de dos horas de duración, lo que hace un total de 10 horas y el número de participantes posibles puede ser hasta de 20 adolescentes.

**Sesión # 1: Relaciones interpersonales.**

*Objetivos:*

1- Crear un clima favorable para el trabajo en grupo.
2- Valorar las expectativas que suscita la actividad y las primeras ansiedades  grupales.
3- Presentar el programa y la metodología a seguir.
4- Reflexionar sobre la colaboración en las relaciones interpersonales y
5- enfatizar en la amistad.

*Contenidos:*

- Presentación de la coordinación y de los participantes.
- Expectativas de los participantes.
- Programa y metodología.
- Colaboración en las relaciones interpersonales.

*Secuencia de actividades:*

1- Presentación.
2- Juego de Caldeamiento: "Ensalada de frutas".
3- Expectativas.
4- Técnica participativa: "Caminar como…".
5- Cierre.

**1. Momento inicial.**

1.1. Presentación breve de la coordinación desde su rol profesional, (nombre, profesión, centro de trabajo, intención de brindar elementos de análisis para trabajar en grupo el rol de agresivo).

1.2. La técnica participativa se utilizó con el fin de reflexionar sobre la colaboración en las relaciones interpersonales y en especial con las amistades; se debe tratar que participe cada uno de los miembros del grupo. La coordinación recogerá por escrito las respuestas, antes se les debe de preguntar sobre sus expectativas con el nuevo grupo y esperar devolución parcial.

1.3. Presentación del programa.

**2. Planteamiento temático específico:** Relaciones interpersonales, amistad y colaboración.

Recurso: Técnica participativa.

2.1. Introducción al tema: se desarrollarán el ejercicio de caldeamiento general.

2.2. Fundamentación de los recursos.

**Recurso # 1:** Caldeamiento: "Ensalada de frutas": Este ejercicio persigue la desinhibición. Se reparten tarjetas con diversos nombres de frutas, sentados en círculo, con una silla de menos para que un participante quede de pie. Este último dirá en voz alta el nombre de una fruta cualquiera, todos los que tengan ese nombre en su tarjeta se pondrán de pie y cambiarán de lugar. El que está en el centro, intentará ocupar una de las sillas, si lo logra, será el otro el que pregone las frutas. Es posible anunciar una ensalada de frutas, y todos deberán cambiar de lugar.

**Recurso # 2:** "Caminar como…": Este ejercicio persigue como objetivo central reflexionar sobre la colaboración en las relaciones interpersonales y enfatizar en la amistad. Los miembros del grupo se separan por dúos y se le sugiere a cada pareja que intenten caminar como ancianos, *guapos*, borrachos, impedidos, carpinteros, enfermeras, maestros, padres, etc., entre otros ejemplos, ya sea por sugerencia del coordinador o de los mismos integrantes del grupo. Se le preguntará a cada participante, sobre su opinión acerca de las relaciones interpersonales, la amistad y la colaboración, tomando como base el juego participativo y la ayuda que se brindaron. Esta técnica, utilizada después del caldeamiento, puede facilitar, las respuestas sinceras de los adolescentes. Las reflexiones, provocadas por las preguntas, alrededor de la técnica de participación, serán analizadas posteriormente por la coordinación.

**Recurso # 3**: Juego de despedida: "Mar adentro y mar afuera". Para motivar y garantizar la asistencia a la siguiente sesión. Todos los participantes se ponen de pie, puede ser en círculo o en una fila, según el espacio que se tenga y el número de participantes. Se marca una línea que representa la orilla del mar, los participantes se ponen detrás de la línea.

Cuando la coordinación da la voz de mar adentro, todos dan un salto hacia adelante sobre la raya, a la voz de mar afuera, todos dan un salto hacia atrás de la raya. Debe hacerse de forma rápida, los que se equivocan salen del juego.

### 3.  Elaboración grupal.

Este momento comienza con algunas interrogantes formuladas por la coordinación, que estimulen la reflexión grupal relacionada con la pregunta.

La elaboración se complementa con los comentarios emitidos por los participantes y la devolución final, dirigida a informarles que lo que han pensado y expresado se corresponde con la imagen que tiene la sociedad de lo que son las relaciones interpersonales, la amistad y la colaboración. Esta devolución culminará abriendo interrogantes como: ¿Es así cómo deben ser las relaciones interpersonales?, para trabajar la repuesta en la próxima sesión:

### 4.  Cierre.

Se pedirá a cada participante que exprese mediante una palabra o sentimiento, lo vivido y aprendido en relación a la sesión y la coordinación recogerá por escrito estas palabras, para su posterior lectura.

Juego de despedida: "Mar adentro y mar afuera". Después del juego, se les invita a participar en la próxima reunión, precisando el tema, hora y lugar.


### Sesión # 2. Importancia de la relación de amistad en la adolescencia.

*Objetivos:*

- Reflexionar en torno a las relaciones de amistad en la adolescencia.
- Analizar los conflictos que surgen en el grupo de adolescentes.

*Contenidos:*

1- Papel de la amistad para los adolescentes.

2- Los conflictos entre los adolescentes.

*Secuencia de actividades:*

1- Ronda inicial.
2- Juego de Caldeamiento: "Caminar en cualquier dirección".
3- Juego Dramático, sobre amistad y conflictos.
4- Cierre.

**1. Momento inicial.**

1.1. Se divide el grupo en dúos, empleando la técnica de numeración corrida, para trabajar los comentarios iniciales.

1.2. La coordinación hará la devolución parcial en relación con los comentarios iniciales.

1.3. Ejercicio de Caldeamiento.

**2. Planteamiento temático específico:** Importancia de la Amistad en la adolescencia. Recurso: Juego Dramático. Escenas # 1: Dos amigos adolescentes discuten acaloradamente. Escena # 2: Llega un adulto joven y les brinda sus consejos.

**3. Elaboración grupal.**

**4. Cierre.**

Materiales: Equipo de audio, papel, lápices, bibliografía especializada.


**1. Momento inicial.**

1.1. Se divide el grupo en dúos, por la técnica de numeración corrida y se le dará cinco minutos para trabajar los comentarios iniciales. La coordinación estimula el debate formulando la siguiente pregunta. ¿Qué vienen sintiendo y observando en estos encuentros?

1.2. Después de escuchados los comentarios iniciales, la coordinación hace una devolución parcial, expresando que los importantes argumentos planteados por el grupo son el resultado del proceso de elaboración grupal y serán objeto de trabajo en ésta y/o las próximas sesiones.

**2. Planteamiento temático específico.**

2.1. Caldeamiento específico. Recurso: "La máscara".

Fundamento del ejercicio: Se utiliza para reflexionar sobre la autenticidad en las relaciones interpersonales y en la amistad.

**Descripción:**

Se forma un círculo con sillas, y a través de la mímica, cada uno de los integrantes del grupo en forma sucesiva debe ponerse una máscara y mostrarla a los demás, posteriormente debe entregársela al compañero(a) que le sigue, este se pone la máscara y la muestra; seguidamente se la quita e imaginariamente se pone la suya y la muestra a los demás.

**Puntos de discusión:**

- ¿Cómo se sintieron más cómodos, con su máscara o con la de su compañero?

- ¿Qué tan auténtico soy, como amigo y compañero?

- ¿Cómo soluciono los conflictos con mis amigos, qué oportunidad, me doy para rectificar, que oportunidad les doy para que rectifiquen?

## 3. Elaboración Grupal.

## Objetivo:

1. Que los participantes reflexionen sobre el significado y el valor de la amistad.

2. La coordinación realizará una devolución parcial en relación a la elaboración grupal anterior. Esta contendrá como elemento fundamental el análisis de la importancia de la amistad y la solución de conflictos en esta etapa de la vida. Se pueden leer párrafos de libros, que aborden el tema de los conflictos.

3. Rol amigo- amigo. Recurso: Juego Dramático.


## Introducción al tema.

Se les explica al grupo que el desempeño de los roles de amigos o amigas, obedecen a asignaciones sociales, lo cual influye hasta en el abordaje de los conflictos con sus amigos y en las manifestaciones cotidianas de agresividad.

Fundamentación y descripción de los recursos. Recurso: Juego Dramático.

## Primera escena

Dos amigos adolescentes discuten, José se queja con Fernando de su trato grosero, de las malas formas que tiene con todos y con él, y que además no le gusta oír consejos, comienzan a ofenderse.

## Segunda escena

Un adolescente llamado Ramón se acerca a sus padres y se queja con ellos de sus amigos y les trasmite a sus progenitores su determinación de no relacionarse más con una de sus amistades, pues han mantenido fuertes discusiones, además es grosero en el trato.

El padre del adolescente trata de persuadir a su hijo para que este no rompa la relación con su amigo y le dice que cuando el tenía su edad sus amigos lo comprendían, aun cuando otros no podían comprenderlo, eran sensibles a sus necesidades, además de que pudo compartir con ellos secretos, sentimientos, ideas y sueños.

Por su parte, la madre trata de convencerlo para que rompa  la relación con su amigo y le cuenta que cuando ella era adolescente, no siguió el consejo de sus padres y esto la puso en grandes aprietos, menos mal que encontró a un hombre bueno como su padre, y al final, las amistades la abandonaron, sentenció que los únicos en que se puede confiar es en los padres, que son los verdaderos amigos.

**Introducción al tema.**

Se explica al grupo que el desempeño de los roles de amigo, amiga obedecen a asignaciones sociales, en los cuáles se manifiestan prejuicios, estereotipos. En la primera escena, dos amigos adolescentes discuten acaloradamente, en la segunda se presenta a la madre y al padre de un joven adolescente, con criterios opuestos acerca de la amistad, se observa una madre sobreprotectora y temerosa del " afuera ", conservadora, que ha mitificado que los únicos y verdaderos amigos son los padres. Estas escenas posibilitan que afloren los indicadores de realidad, portavoceados por los alumnos.

La devolución final por parte de la coordinación estará basada en la explicación de la importancia del valor amistad, que es un sentimiento por el cual el ser humano es capaz de enfrentarse a obstáculos, vencer conflictos, como en la base de la amistad está presente la solidaridad, ayuda mutua, confianza y cómo si nos acostumbramos a dar amor, ternura, viviremos más felices que cuando maltratamos o nos maltratan. Comentará sobre lo importante que es no abandonar a sus amigos, sino ayudarlos, para que cuenten con nuestro apoyo, para que no se dirijan a las "malas compañías", que lo son a su vez, por otros que no lo han ayudado, en el momento necesario y les han dado las espaldas. De esta forma, también se vincula la sesión con la siguiente.

### 4.  Cierre.
Evaluación grupal.

Se le entrega una hoja a cada miembro del grupo y se les pide que pongan mensajes para el grupo, luego se recogen y se leen.

Para finalizar la coordinación concluirá con algunas palabras de despedida.


**Sesión # 3. Conducta agresiva y ruptura de las relaciones de amistad.**

*Objetivos:*

1-Analizar la conducta agresiva como una de las causas de la ruptura de las relaciones de amistad en la adolescencia.

2-Distinguir el intercambio como un elemento en las relaciones de amistad y la importancia de ponerse en el lugar del otro.

*Contenidos:*

1-Conducta agresiva como causa de la ruptura de la amistad.

2-Intercambio y saber ponerse en el lugar del otro, para mantener las relaciones humanas.

*Secuencia de actividades:*

1-Ronda inicial.

2-Juego de Caldeamiento: "Saludos múltiples".

3-Juego Dramático, sobre agresividad y amistad.

4-Cierre.

   **1. Momento inicial.**

1.1. Ejercicio de Caldeamiento.

1.2. Queda el grupo dividido en dúos, a quienes se les dará un tiempo para organizar las ideas de lo que serán los comentarios iniciales en relación a la sesión anterior y otros que consideren oportunos.

1.3. La coordinación hará la devolución parcial en relación con los comentarios iniciales.

   **2. Planteamiento temático específico.** Recursos: escena dramatizada.

   **3.** Elaboración grupal.

   **4.** Cierre.

Materiales: Grabador de audio y bibliografía especializada.

**1. Momento inicial.**

Descripción del Caldeamiento:

1.1. "Saludos múltiples": Cada integrante del grupo va a experimentar con los demás, distintas maneras saludarse. Se proponen diferentes formas: con mano derecha, la izquierda atrás; con mano izquierda, la derecha atrás; con pie derecho; con rodilla izquierda; codo con codo, y así sucesivamente, se van creando diferentes saludos; se debe responder rápidamente a las consignas, los que no lo hacen, van saliendo del juego, y se van formando los dúos.

1.2. Dispuestos en dúos o en tríos, de acuerdo a la cantidad de participantes se trabajará durante 5 minutos en los comentarios iniciales, lo que expresará un relator previamente seleccionado.

1.3. La coordinación hará la devolución parcial de acuerdo a los comentarios iniciales.

**2. Planteamiento temático específico:** Recursos: escena dramática.
Fundamentación y descripción de los recursos.

Escena: Elena, una jovencita de 8vo grado se encontraba con sus compañeros en el Palacio de Pioneros, esta sale del salón donde tenían que exponer. Se retarda en el regreso, y por ello es amonestada por la instructora y demás compañeros entre los cuales se encontraba una de sus amigas con la cual comienza a discutir fuertemente, hasta golpearse y deciden en ese momento romper la amistad.

**3.   Elaboración grupal de la escena:**
La coordinación debe provocar las valoraciones encaminando con preguntas a la discusión. Se pueden exponer experiencias personales, para debatirlas desde la visión grupal y con otras alternativas. Se puede hacer lectura comentada de bibliografía especializada.

Las devoluciones se deben enmarcar, a partir de la asimilación del grupo de la conducta agresiva como una forma inadecuada de relacionarse con los amigos(as) y en la importancia de aprender a reconocer al otro o de ponerse en su lugar.

**4.   Cierre:** Dar un consejo al compañero de su derecha y luego al de su izquierda.


**Sesión # 4. Conducta agresiva, causas, repercusión en las relaciones de amistad y comunicación.**

*Objetivos:*

1-   Entender las causas del surgimiento y desarrollo de la conducta agresiva.
2-   Saber lo que es una buena comunicación y entender la importancia de ésta.

Recurso Metodológico: Juego Dramático.

*Contenidos:*

1-   Causas de la conducta agresiva.
2-   Comunicación para mantener relaciones interpersonales sanas y duraderas.

*Secuencia de actividades:*

1-   Ronda inicial.
2-   Juego de Caldeamientos: "La escultura" .
3-   Juego Dramático, sobre causas de la agresividad y comunicación.
4-   Cierre.

**1.   Momento inicial.**
1.1. Ejercicio de Caldeamiento.
1.2. Queda el grupo dividido en dúos, a quienes se les dará un tiempo para organizar las ideas de lo que serán los comentarios

iniciales en relación a la sesión anterior y otros que consideren oportunos.

1.3. La coordinación hará la devolución parcial en relación con los comentarios iniciales.

**2. Planteamiento temático específico.** Recursos: escenas dramatizadas

**3. Elaboración grupal.**

**4. Cierre.**

Materiales: Grabador de audio y bibliografía especializada.

**1. Momento inicial.**

Descripción del Caldeamiento. Técnicas aplicadas:

1.1. "La estatua": El grupo se divide para que cada subgrupo cree una estatua que represente determinado sentimiento, indicado por la coordinación. Los subgrupos se evaluarían mutuamente, la creatividad y la calidad de las representaciones

1.2. La coordinación hará la devolución parcial de acuerdo a los comentarios iniciales.

**2.** Planteamiento temático específico: Recursos: escenas dramáticas. Fundamentación y descripción de los recursos:

**Primera escena**

Un padre le dice a su pequeño hijo: aquí no te aparezcas "dao, tu eres varón y no te puedes dejar dar por nadie, si es más grande le tiras una piedra, si es como tú, a patá y piñazo, y si es más chiquito también pa que respete, y si sale el papá me avisas que se la tiene que ver conmigo".

**Segunda escena**

En el receso escolar, las maestras y auxiliares les gritan a los niños, les piden de sus meriendas, los maltratan de palabras, les dicen " so mongo", " imbécil", " tu mamá se cree la bárbara", " no quiero que las madres de ustedes se aparezcan aquí con bretes" .

**3. Elaboración grupal de la escena:**

La coordinación debe provocar las valoraciones con preguntas la discusión. Se pueden exponer experiencias personales, para debatirlas desde la visión grupal y con otras alternativas. Plantear que se debe cerrar el paso a la agresividad, que puede ir en función de defender nuestros derechos, pero de una forma inadecuada, ya que anula los derechos del otro y hace uso de manifestaciones inadecuadas que pueden dañar la autoestima de la persona agredida. También hace referencia a como la sociedad enseña en ocasiones los comportamientos agresivos, en las instituciones y en los medios de difusión, entre otros. La devolución puede apoyarse en lecturas comentadas sobre la agresividad y sus causas.

1.3. **Cierre:** Completar la frase "Hoy aprendí que…".


### Sesión # 5. Autoestima. Evaluación y Cierre.

*Objetivos:*

1- Tomar conciencia de las cualidades positivas y las que necesitaría cambiar para ser mejor.
2- Integrar todos los temas y hacer una síntesis de lo que significa la amistad.
3- Conocer logros y resultados del programa desarrollado.
4- Recurso Metodológico: Juegos y Tormenta de ideas.


*Contenidos:*

1- Autoestima.
2- Evaluación.

*Secuencia de actividades:*

1- Ronda inicial.
2- Juego de Caldeamiento: "Cuerpos expresivos ".
3- Juegos y Tormenta de ideas.
4- Cierre.

Momento inicial.

Ejercicio de Caldeamiento.

Queda el grupo dividido en dúos, a quienes se les dará un tiempo para organizar las ideas de lo que serán los comentarios iniciales en relación a la sesión anterior y otros que consideren oportunos.

La coordinación hará la devolución parcial en relación con los comentarios iniciales.

Planteamiento temático específico. Recursos: juegos y tormenta de ideas.

Elaboración grupal.

Cierre.

Materiales: Grabador de audio, papel y lápices.

**1. Momento inicial.**

Descripción del Caldeamiento:

"Cuerpos expresivos":Se escriben en papelitos nombres de animales (acho y hembra), ejemplo: León en un papelito, en otro Leona (tantos papeles como participantes).

Se distribuyen los papelitos y se dice que durante 5 minutos, sin hacer sonidos, deben actuar como el animal que les tocó y buscar a su pareja. Cuando creen que lo han encontrado, se toman del brazo y se quedan en silencio alrededor del grupo, no se puede decir a su pareja que animal es.

La coordinación hará la devolución parcial de acuerdo a los comentarios iniciales.

## 2. Planteamiento temático específico.

Fundamentación y descripción de los recursos: Tormenta de ideas, basada en los siguientes puntos:

Todos los participantes de este grupo poseen muchas cualidades positivas, nos gustaría que entre la propia persona y sus compañeros, las recordemos  hoy, en nuestra última sesión como grupo.

Que características puede cambiar cada uno de ustedes, para ser mejores, de lo que ya son. Depositar en el pozo ciego, con mímicas, sin hablar.

Qué fue lo más significativo que aprendieron en cada una de las sesiones. Hacer una tormenta de ideas.

En este momento, que significa para ustedes la amistad y las relaciones interpersonales.  Tormenta de ideas.

"El pozo ciego": Se invita a los participantes a fabricar un pozo imaginario, en el cual después de construido entre todos, se depositan errores y aspectos negativos de su personalidad que deseen erradicar para mejorar el futuro. Esto se ejecuta sin hablar, y luego el pozo será tapado para no abrirse nunca más.

## 3. Elaboración grupal:

La coordinación centrará la devolución en el elemento dinámico de todo el proceso grupal, resaltando el de esta última sesión, la que estará basada fundamentalmente en la posibilidad del cambio, en la reflexión del aprendizaje  grupal y en la significación del valor Amistad, así como en calmar las ansiedades relacionadas con la despedida, aludiendo a la posibilidad y disposición respecto a futuros encuentros.

**4. Cierre:**

Se orientó que cada uno evaluara el programa desarrollado mediante una frase.

Juego de despedida: Cada uno debía despedirse de todos los demás con un apretón de manos, un abrazo o un beso.

# <u>Capítulo VII.</u>

## Heterosexuales y homosexuales cubanos. ¿Posible relación de amistad?


**Yorkys Santana González**

*Profesor de Psicología, Universidad de Oriente, Santiago de Cuba, Cuba.*


### Introducción.

El hombre es un ser social, su desarrollo y bienestar dependen de los vínculos mantenidos con los otros individuos; todo el proceso de socialización y configuración de la personalidad se encuentra íntimamente dependiente de la mediación, del contacto con los otros significativos.

Las personas no existimos como seres aislados sino como seres sociales, asociados, agrupados unos con otros en múltiples relaciones que nos permiten formar grupos. Nuestra convivencia y adaptación a la sociedad se aprenden a través del proceso de socialización. Por tal motivo la profunda entrega y compenetración con los amigos (considerado como grupo informal) es clave en todas las etapas de la vida pues aporta elementos necesarios para trascender a otras dimensiones de las relaciones interpersonales y sociales.

El establecimiento de relaciones de amistad es de gran importancia para todo ser humano (sea cual sea su orientación sexual, dígase bisexual, homosexual o heterosexual), al ser estas un tipo de relación interpersonal, permiten fortalecer nuestro sentido de identidad, nuestra estima, descubrirnos como somos en esa relación interpersonal y permite además identificarnos y reconocernos como iguales ante otras personas y aprender de ellas.

Debido a la significación que tienen las relaciones de amistad para los individuos y el papel que desempeñan en el desarrollo personológico, estas se han convertido en objeto de estudio para muchos psicólogos. Sin embargo los estudios que se han realizado sobre el tema no han dirigido sus análisis hacia la valoración de la formación y desarrollo de estas relaciones enmarcando la orientación sexual de las personas (homosexualidad, bisexualidad o heterosexualidad), elemento que resulta de vital importancia, ya que en la actualidad se puede apreciar como los estereotipos y prejuicios que en torno a la homosexualidad se tienen, impiden que las relaciones de amistad entre heterosexuales y homosexuales sean apreciadas con la misma apertura que las que se establecen entre los heterosexuales, lo que se debe a que las representaciones sociales que existen sobre los homosexuales contienen tanta carga negativa- emitida y evaluada desde la cultura machista en nuestro país- que imposibilitan que se fomenten con lealtad, cooperatividad, reciprocidad afectiva y sinceridad las relaciones de amistad entre homosexuales y heterosexuales, respondiendo siempre a las presiones sociales que en cada instante presupone las manifestaciones críticas, lo que se convierte en barrera para establecer de forma satisfactoria este tipo de relación entre las personas con estas orientaciones sexuales.

La emancipación plena de los hombres homosexuales implica promover y lograr cambios en el imaginario, de una sociedad como la nuestra, que todavía no acepta la homosexualidad, aunque se  muestre más comprensible y flexible ante la presencia de este *"fenómeno,"* comparado con tiempos anteriores. Por tal razón el presente trabajo pretende *fundamentar como los estereotipos y prejuicios presentes en nuestra sociedad irrumpen el establecimiento de relaciones de amistad entre los jóvenes varones homosexuales y heterosexuales.*

### Desarrollo

Los estereotipos y prejuicios que existen en nuestra sociedad sobre la homosexualidad constituyen una de las principales causas del rechazo y la discriminación por parte de los heterosexuales hacia estas personas con esta orientación sexual, influyendo esto negativamente en el desarrollo personal y bienestar de los jóvenes varones homosexuales, pues se limitan los grupos a los cuales ellos pueden pertenecer, y con ello se obstaculiza o dificulta el proceso de socialización por el cual atraviesa el joven, y por ende dificultan el establecimiento de relaciones de amistad entre las personas con estas orientaciones sexuales.

Por tanto es necesario conocer que la juventud (desde los 16 hasta los 23 años aproximadamente) en nuestra sociedad es una etapa de relevante importancia, pues constituye el tránsito esencial de la infancia a la madurez, donde se consolidan y afianzan los lazos de amistad, los cuales tienen un especial acento selectivo, emocional e íntimo. Aquí serán otros los criterios que se tendrán en cuenta para la elección del amigo. En esta etapa la estructura de los roles de la personalidad ya adquieren una serie de cualidades nuevas, adultas. Ocurre todo un proceso de socialización de la vida emocional y afectiva del joven, por tanto la juventud es una etapa de afianzamiento de las principales adquisiciones logradas en períodos anteriores y en especial de la adolescencia, consolidación que se produce en consonancia con la tarea principal que debe enfrentar el joven, la de autodeterminarse en las diferentes esferas de su vida.

Se considera de mayor interés para nuestro trabajo a los jóvenes por el nivel de protagonismo e implicación que tienen a nivel social en las actuales situaciones de la Batalla de Ideas que libramos en nuestra Revolución Cubana, donde los jóvenes son los protagonistas esenciales para la emancipación de nuestra sociedad y por ende les ocupa un rol eminentemente responsable en la elaboración, ejecución y perfeccionamiento de las acciones sociales, razón por la cual constantemente son evaluados por la sociedad, quien construye representaciones sociales y expectativas con respecto a su desempeño, lo que se convierte en punto de partida para la crítica cuando los comportamientos que exhiben no se corresponde con lo que de ellos se espera, fundamentalmente cuando se trata de la expresión de su orientación sexual, y mayoritariamente cuando se evalúa con quién se relaciona, cómo lo hace, para qué lo hace, en sentido general el establecimiento de sus relaciones sociales y entre ellas, con muy marcada significación, las relaciones de amistad.

Aunque en el presente, en nuestra sociedad se ha ido cambiando en cierta medida la visión que se tenía acerca de *"cómo debe comportarse el varón"* y *"cómo debe hacerlo la hembra"*, o sea, qué elementos deben caracterizar a estos sexos, si la debilidad, la fuerza, la sensibilidad o la inteligencia para uno u otro, y en este sentido se es más flexible hoy en día, continúan siendo los jóvenes varones más cuestionados que las hembras, pues a su vida sexual se le da más espacio y se considera más interesante por el papel que socialmente se le ha conferido; se considera que el deseo y la satisfacción sexual de la mujer dependen en gran medida del hombre, que a ellos los debe caracterizar la rudeza y nunca la debilidad, pues esto es para la mujeres, que mientras más relaciones sexuales tengan con mujeres más "hombres" son, y que en esa relación deben ser ellos quienes tengan el dominio y el control.

Con respecto a lo anterior se plantea que con el transcurso del tiempo se ha ido creando *"un modelo hegemónico de masculinidad"* donde las asignaciones más importantes al varón son: el dominio, la posesividad, la fortaleza, la inteligencia, la virilidad, la potencia sexual desligada del afecto y las emociones, asumiéndose esto como lo relativo a su sexo, lo que niega cualquier posibilidad de ser diferente y a la vez mantenerse "hombre", producto a que se naturalizan conductas, actitudes y roles social e históricamente asignado a dicho modelo de masculinidad[151].

Esta situación implica para el varón un conjunto de expropiaciones de necesidades insatisfechas y de limitantes para su desarrollo personológico y humano, que traen como consecuencia afectaciones para su salud. Evidentemente, son los varones homosexuales los que más sufren y los más perjudicados en este sentido, por ser ellos los que menos se corresponden con el "ideal de varón", que la sociedad espera, por el solo hecho de desear a una persona de su mismo sexo.

### ¿Por qué la homosexualidad masculina cubana?

En todas las épocas se han creado imágenes hostiles en torno a los hombres homosexuales, y especialmente en torno a su sexualidad. De forma periódica, el temor a la homosexualidad masculina se ha reflejado a través de largos e intensos debates sociales.

La sociedad ha intentado, a lo largo de los años controlar de distintas formas la sexualidad de los hombres homosexuales. Antes se alegaba como excusa, el deseo de proteger a la juventud. Hoy la excusa es el SIDA. De lo que en realidad se trata hoy en día, como entonces, es de la misma incomprensión hacia aquellas personas de orientación homosexual.

La construcción de la realidad homosexual ha estado condicionada por un número de circunstancias, y a lo largo de la historia ha sido nombrada de diversas maneras.

La palabra homosexual fue acuñada en 1869 por **Benkert** y se popularizo posteriormente, desplazando a otras denominaciones como: "amor griego, sodomía, inversión sexual, entre otras"[152].

La revolución sexual, comenzada a partir de los años 60, ha incluido dentro de sus temáticas la defensa de los homosexuales y han predicado la tolerancia a las personas con una orientación sexual diferente a la heterosexual. Desde esa época los

---

[151] Álvarez Suárez M. *Construcción sociocultural de la masculinidad.* Seminario nacional de capacitación sobre género en la comunicación y sexismo en el lenguaje. La Habana. Cuba: Editorial de la mujer, FMC 2001, p.14

[152] Orlandini, Alberto. *Femineidad y Masculinidad.* Editorial Oriente. Santiago de Cuba, 1995. p.12-15.

homosexuales se han considerado como minorías discriminadas y victimizadas por la sociedad, lo cual ha repercutido negativamente en su conducta y su autoaceptación.

"Desde 1974 los psiquiatras de Estados Unidos han "despatologizado" la homosexualidad, y como tal, la han retirado de la clasificación de las enfermedades, con la excepción de la homosexualidad ego-distónica (aquellas personas que no se aceptan como homosexuales y desean dejar de serlo), en el cual el conflicto homofóbico ocasiona sufrimientos en el psiquismo"[153].

Actualmente la CIE-10 reconoce solamente a la homosexualidad ego-distónica como una patología pues estas personas pueden asumir  comportamientos que van desde un detrimento de su salud tanto física (falta de apetito o por el contrario aumento  de este debido al estado de ansiedad en que viven, dificultades para conciliar el sueño, entre otros) como psicológica (estados de depresión, temor a que su familia o la sociedad lo rechace, aislamiento social, ruptura de relaciones interpersonales, estrés, incertidumbre, baja autoestima, pobre autoconocimiento, sentimientos de inferioridad, trastornos de conducta y psicofisiológicos, intentos suicidas que pueden provocar la muerte, etc.)

No obstante reconocemos que aquellas personas con homosexualidad egosintónica, a pesar de no ser consideradas como enfermas, pues se aceptan como tales, o sea, como homosexuales, lo que facilita que no presenten determinados síntomas patológicos, también experimentan sufrimiento debido al rechazo que reciben de la sociedad. Por tanto, pedir a las personas que se comporten de forma contraria a su orientación sexual, pone en serio peligro la salud y el equilibrio psicológico de esas personas.

Han sido muchas las definiciones que sobre la homosexualidad se han dado, no obstante la asumimos como una variante de la conducta sexual humana, como una orientación sexual con las mismas posibilidades reales que las otras y por ende, con la aceptación equitativa que requiere.

Según el Centro Nacional de Prevención de las ITS-VIH/SIDA de Cuba,  la orientación sexual, es la preferencia y/o el deseo sexual por personas del mismo o distinto sexo. Es una atracción constante hacia un tipo particular de personas en el plano emotivo, romántico, sexual o afectivo. Reconocemos además el

---

[153] Ibídem. pp. 13-16.

plano cognoscitivo (pensamientos, puntos de vista), el cual puede ser objeto de atracción para la persona.

Es esencial aclarar que la orientación sexual es diferente del comportamiento sexual. La orientación sexual se relaciona con los sentimientos y la autoimagen, y representa un tipo de disposición sexual hacia las personas del otro sexo, del mismo o de ambos. Esta es una  dimensión de la sexualidad muy estable aunque no estática. Los comportamientos sexuales no siempre son arraigados, las personas pueden tener determinados comportamientos en contextos específicos y cuando cambia el contexto pueden cambiar los comportamientos. No siempre los comportamientos sexuales expresan la orientación sexual de una persona.

Por otra parte la formación y transformación de la orientación sexual no depende únicamente de la voluntad de las personas, puesto que inciden otros factores (biológicos, sociales, culturales y psicológicos), por lo que resultaría muy difícil querer cambiar la orientación sexual que presentan las personas, mediante la movilización de su conducta, por medio de la presión social, ejercida desde las concepciones machistas existentes en nuestra sociedad.

Si bien la minoría de los homosexuales  lleva una vida "exitosa y feliz",  la mayoría a menudo bajo presión por parte de su familia o de grupos sociales y religiosos, desean cambiar su orientación sexual por medio de la terapia. Sin embargo, la realidad es que la homosexualidad no es una enfermedad, por tanto no requiere tratamiento y no se puede cambiar porque se desee.

Según **Bell** y **Weinberg**, la homosexualidad puede ser vivida - lo mismo que la heterosexualidad - con una variedad de estilos de vida y esperan que "las investigaciones futuras quizás lleguen a probar que estos índices diversos son mucho más importantes para entender la situación de una persona que la orientación sexual por sí sola"[154].

Según estos autores los homosexuales forman un grupo extraordinariamente variado al igual que los heterosexuales, esto se debe a que nuestra personalidad es diferente e inigualable, pues la formación y desarrollo de esta dependen de la historia de vida individual de cada persona y de la manera en que se interiorice y

---

[154] Citado en: Fitzgibbons, M.D. Richard. *La curación de la homosexualidad. La curación de las atracciones y los comportamientos homosexuales.* Disponible en: http://www.vidahumana.org/vidafam/homosex/curacion.html 2004.

asimile la influencia que recibimos del medio, que va a depender en gran medida de  nuestras necesidades, intereses, motivos etc., sin olvidar el papel activo y emprendedor del hombre, por tanto sería errado caracterizar a la persona por su orientación sexual.

Ellos plantean que "Se entiende mejor a los hombres y a las mujeres homosexuales, cuando se les considera como seres humanos con  necesidades, actitudes, hábitos, pensamientos, emociones, sentimientos y no únicamente en término de su comportamiento sexual".

Evidentemente no se puede  juzgar ni cuestionar a los homosexuales por su orientación sexual, pues entonces sólo se tendría en cuenta la preferencia sexual de la persona y no quién es en realidad, por lo que se expresarían actitudes mecánicas y rígidas al atribuirle características específicas (sensible, débil, "afeminado", incapaz de realizar algunas actividades que requieran de fuerza, etc.)  a los homosexuales, que estarían dadas por su orientación sexual y excluiríamos por completo el carácter único e irrepetible de la personalidad así como el papel activo y transformador del ser humano, su autonomía, autoconciencia y formas exclusivas e irrepetibles de manifestarse ante las situaciones cotidianas que se les presentan en su devenir histórico social. Las cuales al querer homogenizarlas,  sólo conllevaría a la enajenación del sujeto y por ende a la pasividad de la respuesta social que debe brindar en las relaciones que establece durante todo su proceso de socialización.

### ¿Qué son las relaciones de amistad y cómo surgen?

Las relaciones de amistad  están incluidas dentro de las relaciones interpersonales. Al igual que éstas tienen como rasgo específico e importante la base emocional, lo que significa que las relaciones de amistad surgen y se desarrollan sobre determinados sentimientos, generados en las personas en su relación  mutua, aunque las relaciones entre las personas no se forman únicamente sobre la base de los contactos emocionales directos.

Las relaciones de amistad evolucionan a lo largo del ciclo vital. El concepto de amistad y la forma de comportarnos con nuestros amigos cambia en las distintas etapas del desarrollo a medida que avanza nuestro nivel cognitivo y adquirimos experiencias racionales con compañeros y amigos. Cambia el significado de la amistad, la forma de comportarnos con nuestros amigos, los sentimientos hacia ellos, lo que pensamos, esperamos y exigimos de ellos, la forma de expresar la amistad y las variables que van a condicionar, en cada etapa de la vida que tengamos o no amigos. Por el contrario existen también algunos aspectos de la amistad que no cambian, que permanecen constantes en el transcurso de nuestra vida, como la elección voluntaria de los amigos, la reciprocidad, el deseo de proximidad, protección, apoyo emocional, entre otros.

Han sido muchas las definiciones que se han dado sobre la amistad, no obstante la que sustenta o acoge esta investigación es la de **Ruth Sarabany,** la cual  concibe a la  amistad como un *apego específico  a  otra persona que implica mantener el contacto con el otro (desear estar con él), compartir conocimientos (contarse cosas y/o introducir temas de agrado e interés), intereses conjuntos (deseos de ir al mismo sitio o hacer algo juntos), inquietudes y sentir afecto por el otro*[155].

Partimos de esta definición  pues los elementos que aborda **Sarabany** (apego, contacto con el otro, compartir conocimientos, intereses conjuntos y sentir afecto por el otro) son precisamente los más difíciles de lograr en la relación que puede establecer la persona heterosexual con la homosexual, debido a la presencia de estereotipos y prejuicios, que impiden el vínculo directo, afectivo, fraterno y cordial entre estas personas de diferentes orientaciones sexuales, manteniéndose "distancia"  entre ellos, pues los heterosexuales cuestionan con gran fuerza el hecho de sentarse a conversar con los homosexuales durante determinado período de tiempo o simplemente  ir juntos a algún sitio, siendo más criticable el sentir afecto por  estos, ya que supone para ellos la identificación con esta orientación sexual, y por tanto es puesta en duda por el resto de la sociedad su "hombría". Esta situación genera temor para los heterosexuales ya que pueden ser  calificados  como homosexuales, aunque demuestren o estén conscientes de que no lo son, lo que resulta degradante para ellos.

Ahora bien, es preciso conocer que una auténtica amistad rara vez surge de golpe. Esta, suele estar precedida por búsquedas, fracasos, relaciones transitorias.  Sobre la base de esta experiencia se va plasmando  y puliendo el ideal personal del amigo y de la amistad. Se ha demostrado que es más fácil que surjan relaciones y más difícil que se consoliden y se profundicen.

La elección de los amigos es un proceso complejo que requiere de valoraciones individuales y factores sociales compartidos y ante la pregunta de cómo suelen elegirse entre sí

---

[155] Sharabany, Ruth. *Intimacy in Preadolescence and Adolescence: Issues in Linking Parents and Peers, Theory, Culture and Finding.* K.Kerns (Ed) In Family and Peers: Linking Social Worlds. Westpost Conecticut 2000. pp.23-45.

quienes tienen status idénticos y aquellos que tienen status diferente en la sociedad **Maisonneuve**[156] contesta:

- Existe una propensión entre los sujetos populares a elegirse mutuamente, contrariamente a lo que sucede entre los sujetos medios y excluidos.

- Existe una tendencia inversa de los sujetos populares a evitar a los aislados.

- Existe una mayor tendencia de los sujetos medios a asociarse más bien a los populares que a los aislados.

Esto demuestra que el desarrollo de las amistades en los grupos sigue una secuencia cuyo primer estadio seria la proximidad, atracción física y semejanza en el status social, luego viene el status del que disfruta cada uno dentro del grupo y la seguridad que perciben en él; más tarde sería el acuerdo sobre valores e intereses y por último la complementariedad.

Aunque existan estos elementos que le dan una secuencia al surgimiento y formación de las relaciones de amistad según este autor, se considera que lo primordial es la aceptación de la persona tal y como es, pues de no ser así la relación de amistad no sería posible.

Se ha demostrado que los sujetos con problemas de ansiedad, desajuste, hostilidad e incapacidad personal suelen ser más rechazados por los compañeros que aquellos que no presentan estos problemas, igual sucede con los homosexuales, pues son considerados por la sociedad como portadores de características que no se corresponden con su sexo, lo que resulta "anormal" y por tanto son aislados y discriminados, siendo su comportamiento en todo momento objeto de crítica, lo que tiene su base en los prejuicios y estereotipos que sobre la homosexualidad existen y que vinculan la existencia de conductas desviadas de las establecidas socialmente como "adecuadas", que cuestionan todos los procesos que se suceden en la reciprocidad afectiva y la intimidad que pueda existir entre amigos heterosexuales y homosexuales.

Ahora bien, según la teoría de la autoestima las personas se sentirán atraídas hacia aquellas personas que le suministran informaciones favorables y alejadas de aquellas cuya información resulta desfavorable, al margen de que el feedback sea o no

---

[156] Maisonneuve, J. *The better friendships of students.* (Boston Library Editorial. EUA) 1996. pp. 1-5.

consistente con sus puntos de vista. El hecho de que la información recibida sea favorable o no va a depender en gran medida en este caso de los prejuicios y estereotipos sociales que sobre los homosexuales se tienen así como de la cultura en sentido general.

Es importante tener en cuenta que el individuo intenta asemejarse a aquel colectivo en el que se siente integrado. En la mayoría de los casos son muy pocos los homosexuales que se sienten integrados (independientemente de que quieran o no) a aquellos grupos conformados por personas heterosexuales debido a los prejuicios y estereotipos que hacia los homosexuales existen en nuestra sociedad y que asumimos sin siquiera cuestionárnoslo, los cuales limitan en gran medida las relaciones interpersonales entre estos, especialmente las relaciones de amistad.

Aunque existan criterios acerca de la elección de los amigos, lo cual, como hemos visto está influenciado por los estereotipos y prejuicios existentes en nuestra cultura, se considera que podemos llegar a ser amigos, y buenos amigos de quienes inicialmente despiertan en nosotros sentimientos negativos. Por tanto se deben fomentar y potenciar las relaciones de amistad, ellas son importantes y necesarias para todas las personas ya sean homosexuales o heterosexuales.

### *¿Por qué son importantes las relaciones de amistad?*

Las relaciones de amistad son acreedoras de satisfacciones a necesidades que encuentran su materialización sólo a través del contacto o en la actividad con el otro, lo que supone que los amigos deban compartir ciertas características afines, que permitirá una mejor interacción y por tanto congruencia en las acciones de la relación[157].

El establecer relaciones de amistad con los homosexuales, permitirá tanto al homosexual como al heterosexual fomentar en ellos la colaboración, el intercambio, el reconocimiento del otro, la alegría compartida, además de reducir la agresividad, la desconfianza y las actitudes defensivas. Los ayudará a conocerse mejor a ellos y al mundo, haciéndoles ver las cosas desde otros puntos de vista (empatía, mayor realismo). De igual forma mejorará no solo su autoestima sino también el control, además de ayudarlos a combatir y aliviar la soledad (inherente al ser humano y la existencia misma), lo que permitirá que estas personas con diferente orientación sexual puedan llevar una vida "plena y feliz".

---

[157] Se puede ampliar en esta concepción en el Capítulo I de este libro.

Para **López, A**, es esencial conocer que no tener amigos puede ser tan dañino para la salud como el tabaco o el sobrepeso, de ahí la gran importancia que tienen principalmente para los homosexuales (ya que son rechazados y aislados por la sociedad y sus relaciones son limitadas en comparación con las del heterosexual) el establecimiento de verdaderas relaciones de amistad, pues se ha demostrado que  los vínculos sociales disminuyen el riesgo de algunas enfermedades al reducir la tensión arterial, las afecciones cardiacas y el colesterol, activa el sistema inmunológico. Las relaciones de amistad activan ciertas áreas del cerebro y liberan hormonas que facilitan la relajación y el bienestar"[158].

La amistad puede llegar a ser un valor para las personas, ya sea un valor formal si regula el comportamiento del individuo ante situaciones de presión o control externo o un valor personalizado, si el sujeto que lo asume lo expresa de manera legítima y auténtica.

Se puede apreciar como en este sentido la amistad de los heterosexuales con los homosexuales se expresa, en la mayoría de los casos, sólo como un valor formal, pues es manifestada solo en determinados lugares y ante determinadas situaciones, fuera de estos marcos, el vínculo o relación entre ellos es imposible, pudiéramos mencionar por ejemplo a un grupo escolar o laborar donde para lograr los objetivos del mismo se necesita de la comunicación, cooperación y el apoyo de todos sus miembros y fuera de este contexto es apreciada como innecesaria y vergonzosa la relación de amistad entre estas personas que tienen diferente orientación sexual, lo que tiene su base en los prejuicios y estereotipos que aún perduran en nuestra sociedad.

Por ende, es meritorio que la amistad que se establezca entre homosexuales y heterosexuales sea asumida como un valor personalizado, pues esto contribuye a que estas personas establezcan determinados proyectos, propósitos y metas; ayuda a que se tenga una alta estima a otros individuos, y por ende se le reconozcan; contribuye además a que se prioricen las relaciones de amistad de acuerdo al sentido que estas tengan. La amistad como valor constituye una guía general de conducta que le da sentido a la vida, propiciando su calidad.

Referido a la importancia de la amistad dijo Aristóteles, que se puede ser feliz sin dinero y sin poder, pero no sin amigos, lo

---

[158]    López Quintas, Alfonso. *El tesoro de la amistad*. Disponible en http://es.catholic.net/empresarioscatolicos/436/1027/articulo. 2005.

que una vez más resalta la gran significación  que tienen las relaciones de amistad para los individuos.

En la juventud, el significado y la importancia de las relaciones de amistad adquiere un carácter  especial, pues estas se resaltan, al cumplir  variadas funciones, como el desarrollo de las habilidades sociales, como ayuda para enfrentar las crisis y los sentimientos comunes, ayuda a la definición de la autoestima y status, no por lo que dicen, sino por la posición del grupo al que pertenecen (**Remplein**; **Hurlock**; **Craig**, Cit por **Moral MV**. y **Ovejero A** )[159].

Con respecto a lo que plantean estos autores se puede afirmar que en el caso de los homosexuales estas funciones que cumple la amistad apenas pueden ser percibidas  debido a la limitadas y pobres relaciones de amistad que tienen la mayoría de los homosexuales, lo que está dado por el rechazo que reciben de los heterosexuales, al ser considerados para estos, como portadores de características negativas que no se corresponden con lo que de ellos se espera de acuerdo a su sexo. Por lo cual muchos homosexuales experimenten sentimientos de inferioridad, miedo a expresar lo que sienten, a ser menospreciados, soledad, inseguridad, angustias, etc.

Convendría preguntarse entonces *¿qué significa tener amigos?* "Tener amigos es un logro social significativo, un indicador de competencia social y un signo de buena salud mental"[160]. En efecto la competencia social procede en gran medida, de las interacciones entre iguales, de modo que en este proceso de interacción se adquieren y afianzan ciertas habilidades sociales como se planteaba anteriormente, que son, hasta cierto punto  imprescindibles para  el joven (sea homosexual  o heterosexual) que se desenvuelve en un ámbito académico y grupal específico.

Las relaciones de amistad son imprescindibles para los jóvenes dado que de la propia integración y aceptación por el grupo va a depender la conformación y afianzamiento de su identidad personal, por tanto se hace necesario percibir con mayor apertura y flexibilidad las relaciones de amistad que se establezcan entre homosexuales y heterosexuales, lo que supone eliminar o

---

[159] Moral Jiménez, María De la Villa y Ovejero Bernal, Anastasio. Articulo: *La identidad psicosocial de los jóvenes construida en/ por la red social de amigos.* Universidad de Oviedo. 2003. pp. 2-17.

[160] Hartup M. *The Impact of Teen-aged Children on Parents.* In J. M. Oldham and R. S. Liebert (Eds.). The Middle Years. New Haven: Yale University Prees 1989. pp.23-34, 408.

disminuir en gran medida los prejuicios y estereotipos que dificultan el establecimiento de estas relaciones.

Para ello, se debe partir de que son precisamente las relaciones de amistad una de las bases para el desarrollo adecuado de los seres humanos (independientemente de su orientación sexual) en su vida comunitaria, en el intercambio continuo y cotidiano de intereses, valores, afectos y forma de actuar y de pensar, de ahí que pertenecer a un grupo de amigos fortalece nuestro sentido de identidad, posibilita descubrirnos como somos en esa relación interpersonal, lo cual sirve también para fortalecer la propia estima, ayuda a desarrollar seguridad, aporta estabilidad en momentos de inquietud, dudas y sentimientos confusos: permite identificarnos y reconocernos como iguales ante otras personas.

Se puede apreciar como las sociedades justas tratan de condicionar un sistema educacional basado en el logro del establecimiento de relaciones interpersonales adecuadas, fraternales, conciliadas bajo la esquela de atención al prójimo, intercambio cultural y motivacional, esmero con el amigo, cuidado de los valores positivos que se generan y contribución al desenvolvimiento de una sociedad protectora, potenciadora de proyectos de vida y atención al ser humano, desde la base familiar, lo cual propicia la necesidad de incrementar el desarrollo de las relaciones de amistad que pueden considerarse movilizadoras de acciones en conjunto, influyentes en el estilo de vida de las personas y modificadoras de su conducta a favor del cumplimiento de determinadas normas y leyes sociales.

En este sentido no se establecen diferencias entre el homosexual y el heterosexual pues el tener relaciones interpersonales adecuadas, fraternales y especialmente relaciones de amistad, como se planteaba anteriormente no dependen de la orientación sexual de la persona, pues todos tenemos derecho a vivir nuestra sexualidad a plenitud, sin tener que ser discriminados ni rechazados.

Podemos señalar que una persona puede tener varios amigos con intereses diametralmente opuestos, la flexibilidad (participar de las actividades y aficiones que gustan de los demás, aceptar los consejos y las recomendaciones sobre nuestra persona con sencillez y serenidad, reconocer nuestros errores, aceptar los puntos de vistas de los otros etc.) nos permite alejar ese sentimiento de exclusividad que muchas personas equivocadamente reclaman.

Cada persona al ser diferente aporta algo distintivo en la vida de los demás, en eso consiste el enriquecimiento personal y el cultivo de amistades, por tanto, uno de los valores que deben primar en las relaciones de amistad es la flexibilidad, la apertura hacia los demás, el reconocimiento de las diferencias individuales, lo que nos permitirá establecer el diálogo abierto y sincero sobre disímiles temas, con esos individuos que son portadores de diferente orientación sexual, encontrando satisfacción al intercambiar vivencias y conocimientos con estas personas y conocer otros puntos de vista, otra manera de ver la vida.

***¿Qué son los estereotipos y prejuicios y cómo irrumpen el establecimiento de verdaderas relaciones de amistad entre los jóvenes varones homosexuales y heterosexuales?***

Los prejuicios están basados en un conjunto de creencias que condicionan nuestras actitudes y comportamientos hacia grupos de personas que por alguna condición particular: raza, edad, etnia, sexo, religión, etc. son evaluados como portadoras de características negativas, lo que nos puede llevar a crear situaciones discriminatorias dentro de los grupos.

Algunas fuentes de origen de los prejuicios son:

1. La no aceptación de las diferencias. Intolerancia de determinados grupos o su incapacidad para asimilar prácticas culturales o características diferentes en otros grupos o personas.
2. Conflictos sociales. Existencia de una larga historia de conflictos entre grupos, etnias, etc. motivada por factores económicos, religiosos u otros.
3. Aprendizaje social. Papel de modelo, como el de los padres, que influyen en la adquisición de ciertas actitudes por parte de sus hijos, que además reciben el refuerzo del medio social correspondiente.
4. Categorización social: proceso de categorización de la realidad, apoyado en determinadas creencias a partir de las cuales se divide el mundo social entre "nosotros y ellos", atribuyéndose generalmente características negativas a estos últimos.

Los prejuicios que existen sobre la homosexualidad y el rechazo que reciben las personas homosexuales, provoca que hasta los propios homosexuales interioricen todo esto, desarrollando una tendencia hacia una baja autoestima. Esto no quiere decir que todas las personas homosexuales tienen una autoestima baja, pero sí existen muchos factores que lo condicionan.

Por su parte el estereotipo sexual, significa los mandatos y las prohibiciones de la sociedad que determinan los roles femeninos y masculinos de sus miembros. Resulta una entidad rígida, cuya falta de flexibilidad ocasiona no pocos sufrimientos y malestares a las personas independientemente de su edad o sexo.

Los estereotipos consisten en aplicar de manera indiscriminada un patrón para la valoración de personas o situaciones.

Dentro de los estereotipos masculinos que existen en nuestra sociedad podemos citar algunos  ejemplos:

• El varón no puede ser emotivo ni tierno, debe ser un "duro".

• El varón debe de acostarse con todas las mujeres que pueda, pues eso lo hace más "hombre".

• Al varón lo debe caracterizar la rudeza, la fuerza,  porque si no, es un débil, un "flojo".

• El varón no debe jugar con muñecas y debe de andar suelto para hacer todo lo que quiera, ya que "es de la calle y no de la casa".

Estos estereotipos privan al hombre homosexual de poder vivir a plenitud su sexualidad pues en cierta medida se ven obligados a *cumplir con la sociedad*, lo que significa reprimir su verdadera orientación sexual,  afectando sus relaciones interpersonales, en todas sus aristas y fundamentalmente las relaciones de amistad.

Los estereotipos más dañinos se han originado sobre la base de la ideología machista, típica en nuestra cultura cubana. Debido a la nocividad de los patrones genéricos, los sexólogos modernos abogan porque se "desestereotipen" los códigos sexuales.

Los estereotipos y prejuicios que en torno a la homosexualidad existen, impiden que estas personas con esta orientación sexual sean consideradas como seres humanos "normales", con iguales derechos de expresar sus sentimientos, sus puntos de vista, sus gustos y preferencias, como los heterosexuales (claro está, con sus diferencias, las cuales no están dadas por su orientación sexual, sino por el carácter único e irrepetible de la personalidad).

El temor que sienten los heterosexuales de ser catalogados como homosexuales es un reflejo de los estereotipos y prejuicios que en nuestra sociedad existen, pues ser homosexual para ellos es indigno y bajo, lo que conlleva a que una buena parte de los heterosexuales rechacen a los homosexuales y por tanto establezcan limites muy estrictos en sus relaciones con estos; no van a ningún lugar con ellos, no se detienen a entablar una conversación fuera de los marcos donde por obligación sea necesario, no piden una opinión ni un consejo acerca de determinadas  cuestiones que se han asumido en la sociedad como "propias de los hombres" (ya que estos -*los homosexuales*- son percibidos como "afeminados"), no se identifican con los problemas y alegrías de ellos, además de no frecuentar lugares que por costumbre sean visitados por homosexuales.

Para algunos heterosexuales en nuestra sociedad, la homosexualidad como una orientación sexual normal no tiene cabida, y con no poca frecuencia han manifestando opiniones como: *"esas personas no deberían existir"*, *"la homosexualidad es un pecado condenado por Dios, una aberración"*, *"es una degradación del sexo masculino"*, entre otras.

En otros heterosexuales se puede apreciar una mayor apertura hacia el entendimiento y comprensión de la homosexualidad, como una variante sexual normal, e incluso hay quienes llegan a establecer un vínculo afectivo directo y sincero, pero a pesar de ello limitan sus relaciones con los homosexuales y evitan ser vistos con estos en determinados lugares y realizar algunas actividades donde estén otras personas homosexuales, ya que le confieren gran significación a la opinión que los otros puedan tener de ellos.

Como una de las consecuencias negativas de estos prejuicios y estereotipos pudiéramos referirnos en este sentido a la homofobia la cual suele definirse como el rechazo que sienten los heterosexuales hacia los homosexuales, aunque es necesario aclarar que los homosexuales también sienten homofobia hacia sí mismos aunque no siempre estén conscientes de ello[161].

La homofobia como todo prejuicio, descansa no sólo en el desconocimiento, sino sobre un conjunto de valores compartidos por la sociedad en general. La misma se traduce en una serie de estereotipos y prejuicios sumamente dañinos en su mayoría falsos, que facilitan que muchos homosexuales hayan sufrido insultos y burlas desde la infancia y hayan interiorizado la percepción de una sexualidad inadecuada, enfermiza, burlesca o vergonzosa, lo que influye negativamente en el desarrollo adecuado de estas personas, teniendo una marcada significación y repercusión en la juventud, debido a  las características de dicha etapa.

---

[161] Podemos revisar los documentos elaborados por el Centro Nacional de ITS-VIH/SIDA de Cuba. Agosto-Noviembre 2006.

La homofobia conlleva a que los jóvenes homosexuales sean caracterizados por la sociedad como enfermos, anormales, transgresores del orden *"peligrosos"*, culpables de una deformación, objeto de burla, de crítica, de maltrato, de discriminación, lo que traen consigo que sean rechazados, desvalorizados, etc.

Ante esta situación su reacción es de aislamiento de los pares: *"que nadie se entere"*, no socializa el aprendizaje, existe un distanciamiento por parte de los seres más cercanos y de posibles apoyos en su desarrollo, se puede apreciar falta de modelos a imitar, no encaja con lo socialmente esperado, se sienten despreciados y buscan la aceptación de su orientación sexual sobre la base de *"falsas apariencias"* para  poder ser acogidos por la sociedad (se produce una disociación en el desarrollo de su proceso sexual). El proceso de socialización en ellos es a partir de la decepción, lo que trae consigo que vivan en permanente manipulación por parte de la sociedad, en vez de ser espontáneos. Todas estas reacciones provocan muchas veces en los jóvenes encuentros sexuales despersonalizados.

Los principales temores que tienen estos jóvenes frente a la sociedad son: el temor al rechazo social, temor a la condena de los otros, temor a verse aislados forzosamente, temor a los abusos físicos, temor a sentirse discriminados, temor a sentirse limitados educacionalmente y en las carreras profesionales  u oficios que elijan.

Estas reacciones y temores  tienen  que ver con que el joven está determinado por multitud de condicionantes y connotaciones sociales que, en buena medida, le sirven como punto de referencia. De ahí que necesita la aceptación del grupo y conseguir un cierto equilibrio, vinculado a la interpretación, a nivel afectivo, entre otros, de esa evaluación y valoración que hacen los otros de él.

Estos temores influyen negativamente en el desarrollo personológico de los jóvenes, afectando no sólo su salud mental, sino también somática; independientemente de que en esta etapa se haya alcanzado cierto nivel de estabilidad, aún se dan cambios importantes en la vida del joven, que necesita del apoyo y la aceptación de sus coetáneos, pudiéramos  mencionar dentro de estos cambios que se dan a nivel personológico en el joven, la aparición de la concepción del mundo y la autovaloración como unas de las principales adquisiciones en esta etapa que requieren del sistema de relaciones que establece el joven y que deben reforzar desde lo positivo sus puntos de vistas, su autoestima.

El modo como se enfrenten estos resultados negativos y temores en el joven, producto del rechazo de la sociedad, dependerá entre otras cosas de la aceptación que encuentre el mismo en el seno familiar y en el grupo de coetáneos, lo que será posible si se disminuyen los prejuicios y estereotipos que sobre la homosexualidad se tienen.

Acerca de la actitud que asumen los heterosexuales con respecto a los homosexuales y su repercusión negativa en el desarrollo y bienestar del ser humano, **Schofield**, plantea: "La homosexualidad es una condición que en sí misma sólo tiene efectos menores sobre el desarrollo de la personalidad. Pero las actitudes, no del homosexual, sino de las demás personas hacia esta condición, crean una situación que puede tener un efecto profundo en el desarrollo de la personalidad y puede conducir al deterioro del carácter de un tipo de orientación sexual, que desea la integración efectiva en la comunidad. Muchos de los problemas que abruman al homosexual son creados en gran medida por la hostilidad de la sociedad"[162].

Es válido señalar que no todo lo que concierne a los estereotipos es negativo, pues ellos constituyen pautas de comportamientos para los diferentes sexos, que son aprendidas por el individuo mediante el proceso de socialización, en la medida en que este se va insertando a los diferentes grupos de los cuales llega a formar parte.

### Conclusiones

La realidad demuestra que aunque en la actualidad existe una mayor apertura hacia la homosexualidad aún persisten con gran fuerza en nuestra sociedad falsos estereotipos y prejuicios en torno a este tema, los cuales tienen su base principalmente en el desconocimiento de este *"fenómeno"* o en una percepción inadecuada del mismo, limitando así las relaciones interpersonales entre ellos (heterosexuales y homosexuales), especialmente las relaciones de amistad.

La relación de amistad entre homosexuales y heterosexuales es posible si se asume, que la homosexualidad es una orientación sexual más, y que son precisamente los

---

[162] Citado en: Gauthier, Luis. *"Heterosexualidad, homosexualidad"*. Centro Nacional de Educación Sexual de Cuba (CENESEX), 2004.

estereotipos y prejuicios que poseemos los que nos impiden concebir a estas personas como seres humanos con necesidades, intereses, gustos, etc. que nunca van a ser iguales a los de los otros, puesto que poseemos una personalidad única e irrepetible independientemente de la orientación sexual que tengamos, y que esta (orientación sexual),  por si sola, no define ni caracteriza a la persona.

Para fomentar adecuadas relaciones interpersonales y poder establecer una auténtica  relación de amistad con un homosexual (o cualquier otra persona) es imprescindible la aceptación de la persona tal cual es, a partir del respeto por las diferencias individuales en cuanto a criterios, puntos de vistas, concepción del mundo, necesidades, intereses, preferencias, autopercepción, etc., lo que supone la apertura hacia la diversidad, la flexibilidad, la comprensión, la tolerancia y la empatía.

# Capítulo VIII.

## Las relaciones de amistad como mediación del autodesarrollo comunitario en Cuba.

**Yorkys Santana González**

*Profesor de Psicología, Universidad de Oriente, Santiago de Cuba, Cuba.*

## Introducción.

Sería ingenuo pensar que el hombre es un ser biológico por naturaleza y desacertada la idea de querer convertirlo en una sumatoria mecánica de los estímulos externos que influyen sobre él, en su devenir social. Además de converger a aceptarlo en su entorno sociocultural e ideológico tenemos que apreciarlo y valorarlo en constante intercambio y relación, comunicación y dinámica, es decir aceptar que estamos frente a un objeto devenido sujeto social, activo, autotransformante y transformador de su realidad. Lo que requiere soslayar aquellas consideraciones relacionadas con la división tradicional del conocimiento integral en las diferentes disciplinas firmemente afianzada en la educación superior, las cuales conducen al olvido de la integridad real del individuo, del *sujeto,* por lo que desde los estudios comunitarios[163], se precisa la necesidad de promover acciones que permitan valorar al sujeto de forma integral, respetando sus saberes  y la función del profesional pasaría de la planificación, dirección y ejecución de las intervenciones comunitarias rígidas y esquematizadas a las coordinación y orientación en la gestación de lo comunitario, desde las posibilidades reales de transformación que existan en la comunidad y que se propicien por los propios comunitarios de forma activa y emancipada y no de forma manipulativa y enajenada como lo han demostrado los paradigmas que han dominado hasta la actualidad la dirección para el estudio comunitario en el mundo y en nuestro país, lo que inevitablemente requiere de cambios en las concepciones que deben asumir los investigadores y la propia comunidad en su transformación.

---

[163] Los estudios sobre comunidad anteriores a este paradigma sitúan la visión de la comunidad como localidad espacial y al sujeto lo ubican en una posición pasiva ante los proyectos y programas de intervención que elaboran, aplican y evalúan los investigadores en las intervenciones comunitarias. *En* Alonso, Freyre Joaquín; Pérez Yera, Armando; et al. "*El autodesarrollo comunitario. Críticas a las mediaciones sociales recurrentes para la emancipación humana*". Editorial Feijóo, Santa Clara 2004. pp.12-46.

"""

Por ende es preciso asumir una concepción más integral en el análisis sobre el desarrollo comunitario, que estaría en función de la asunción del paradigma del autodesarrollo comunitario[164], lo que requiere apreciar la comunidad desde el paradigma cualitativo y emancipador, donde el sujeto que tradicionalmente en las concepciones asistencialistas se valoraba como objeto, desde nuestro enfoque lo reconocemos y tratamos como sujeto/objeto -refiérase retomar su condición de ser pensante, transformador, con saberes instituidos y constituidos reales, con potencialidades de cambio y crítica de su vida cotidiana, y no dependiente exógeno del modo de vida y representación social- es rescatarlo desde lo humano con su condición de ser activo ante la realidad.

Desde esta perspectiva reconocemos que para todo proceso de gestación de lo comunitario[165] se precisa adentrarse en las mediaciones que al interior de este proceso se están dimensionando constantemente y con las cuales el investigador está en la responsabilidad científica de descubrir, analizar, cuestionar y trabajar en todo el accionar que en la comunidad se realice.

Es allí donde debemos incorporar las reflexiones científicas respecto a las mediaciones reales, ya sean económicas, políticas, sociales, ideológicas, e incluso las mediaciones por la subjetividad, primero, en la visión de la realidad social que estudiamos, para después poder reflejarlas en el conocimiento que produce, ya que las contradicciones reales no pueden ser disueltas por el pensamiento, sino reflejadas por este.[166]

En las mediaciones sociales se ubican muchas otras mediaciones, una de ellas  son las relaciones de amistad, las cuales se encuentran mediando los procesos de autodesarrollo comunitario, debido a que son "fuera del ámbito de las relaciones familiares, las que componen un tipo de interrelación de suma importancia, tanto desde el

---

[164] Hacemos referencia aquí al paradigma del autodesarrollo comunitario que *se asume como el proceso de gestación de lo comunitario expresado en un crecimiento en salud donde la participación y la cooperación son cada vez más conscientes. En* Alonso, Freyre Joaquín; Pérez Yera, Armando; et al. *"El autodesarrollo comunitario. Críticas a las mediaciones sociales recurrentes para la emancipación humana"*. Editorial Feijóo, Santa Clara 2004. p 27.

[165] Hacemos referencia al proceso de  transformación en la dirección y el sentido de la superación crítica del estado de cosas existente en el grupo social que aún no ha devenido en comunidad. Ibídem anterior p.29.

[166] En Lukacs encontramos esta afirmación: "En toda sociedad ricamente articulada, ella es solamente el modo por el cual aparecen mediaciones largamente absorbidas, las que el pensamiento y el análisis deben descubrir en la realidad, superando así la inmediatez del plano conceptual" Introducción a una Estética Marxista.

---

punto de vista personal, grupal, como desde el cultural"[167]. Lo que ubica su expresión en la dialéctica de lo universal, particular y lo singular de los grupos que comparten espacios donde la participación y la cooperación entre sus miembros posibilitan la elección consciente de proyectos de transformación dirigida a la solución gradual y progresiva de las contradicciones potenciadoras de su autodesarrollo. Los amigos confirman los valores que tenemos, fortalecen nuestra propia capacidad de imaginar, de conocer, de construir la realidad, así como nos proporcionan un sentimiento de identidad, de pertenencia a un grupo y de apoyo en la resolución de conflictos y tareas conjuntas.

Pensemos entonces que la amistad, constituye una expresión humana presente en cualquier etapa de la vida de un sujeto, de un grupo y de la sociedad, lo que nos deduce su expresión en todo proceso comunitario que con calidad se desempeñe[168]. Entonces, trabajado desde nuestra concepción de autodesarrollo comunitario, debemos recordar que el deseo de la amistad está incrustado en lo más profundo del corazón de cada persona y como consecuencia en cada una de las relaciones sociales que se reproducen y producen en la sociedad. Sin embargo existe aún una marcada contradicción en la relación del autodesarrollo comunitario y las relaciones de amistad:

En la labor comunitaria la cooperación y la participación constituyen dos modos de actuación que determinan en gran medida el autodesarrollo comunitario, donde el desarrollo de los afectos aceleraría la efectividad de estos procesos a favor de una mayor implicación y consciencia crítica y es aquí que las relaciones de amistad como potenciadoras de esos afectos contribuiría desde su mediación al proceso. Cuestión que no se ha logrado debido a que este tipo de relación no ha sido desarrollada en las intervenciones comunitarias desde esta perspectiva.

Lo que precisa estudiar este valor y proponer acciones que permitan que se desarrolle en su forma grupal, no desde las estructuras rígidas que determinaron siempre su configuración en la personalidad, sino a partir de las estructuras y funciones sociales que la dialéctica materialista nos facilita, interrelacionándolo con la participación, la cooperación y el desarrollo de la conciencia crítica, para así acercarnos más a ese ser humano cambiante, transformador de su realidad y de sí mismo.

---

[167] Requena Santos, Felix. *Amigos y Redes Sociales: Elementos para una Sociología de la Amistad*. CIS. Colección Monografía. 1994, p.36.

[168] Reafirmamos aquí que estamos hablando del paradigma de autodesarrollo comunitario propuesto por el Centro de Estudios Comunitario de la Universidad Central "Martha Abreu" de las Villas, Cuba. 2005-2007

Por ende es necesario preocuparse y ocuparse de las relaciones de amistad, en ella devengará el futuro próspero, solidario, la sencillez de un mundo mejor, la reconstrucción de este mundo, en el cual algunos de sus problemas principales residen en que se buscan relaciones cada vez más superficiales, se tiene menos tiempo para dedicarle a los amigos y menos amigos cada día, se cuestiona menos la vida cotidiana y se vive con una familiaridad acrítica que irrumpe los estados de ánimo, en los vínculos y mantiene la enajenación que impide activar el potencial de cambio en el desarrollo humano.

Por las razones expuestas en párrafos anteriores, nos preguntamos: ¿qué interinfluencia existe entre el autodesarrollo comunitario y las relaciones de amistad? y ¿cómo lograr construir conocimientos que permitan ser más científicos, humanistas, emancipadores y al mismo tiempo sistemáticos en el estudio de las relaciones de amistad en el ámbito comunitario?

Estas interrogantes inevitablemente nos proponen reflexionar sobre la necesidad de potenciar las relaciones de amistad para el autodesarrollo comunitario, lo que supone pensar que "…cada miembro de la sociedad se halla incluido simultáneamente en distintos grupos sociales, y en todos los tipos de actividades sociales, las personas establecen toda clase de relaciones entre sí, lo que trae como resultado una compleja aleación, un entrelazamiento de los estados de ánimo, de apreciaciones sociales"[169] donde las complejas relaciones de amistad que se expresan en el autodesarrollo comunitario deben ser valoradas desde la perspectiva dialéctica, compleja, emancipadora y transformadora en su devenir histórico social y cultural.

Comprender y potenciar las relaciones de amistad como una de las mediaciones en el autodesarrollo comunitario, es favorecer este proceso en los grupos sociales. En los cuales es necesario situar la mirada en nuestra sociedad socialista, para lograr llevar adelante ese sueño de conquistar un futuro más humano, emancipado y revolucionario. Por lo que nos planteamos como objetivo de este trabajo: *Fundamentar en qué consiste la mediación de las relaciones de amistad en el autodesarrollo comunitario y si las mismas favorecen o no este proceso.*

---

[169] A Rakítov. *"Fundamentos de la Filosofía"*. Editorial Progreso. Moscú. URSS, 1986.

**Desarrollo.**

Las categorías[170] trabajadas en esta investigación hacen referencia a:

***Comunidad:*** *es un "grupo social que comparte espacio donde la participación y cooperación de sus miembros posibilitan la elección consciente de proyectos de transformación dirigidos a la solución gradual y progresiva de las contradicciones potenciadoras de su autodesarrollo"[171].*

***Autodesarrollo Comunitario:*** *es el proceso de gestación de lo comunitario expresado en un crecimiento en salud donde la participación y la cooperación son cada vez más conscientes[172].*

***Participación:*** *constituye una acción humana, necesaria y encaminada a fines concretos, influyente, multidimensional, que expresa una relación social democrática y permite aprendizajes de actitudes y de vínculos[173].*

***Cooperación****: la actividad coordinada e integrada de los actores comunitarios en función de lograr un proyecto común que les permita mejorar sus condiciones económicas y sociales, donde los intereses grupales se ubiquen por encima de los individuales y permita el crecimiento individual y social de sus miembros.*

**Relaciones de Amistad***: es una relación vincular, promotora de vivencias únicas de intimidad, reciprocidad afectiva, lealtad, colaboración y solidaridad, sujetas a normas y valores sociales establecidos, donde el conflicto que se genere en la interacción, potencia el desarrollo de sus miembros y de la relación para sí.*

Después de haber hecho referencia a las categorías que serán objeto de integración y articulación en nuestra investigación pasamos a reflexionar sobre la mediación de las relaciones de amistad en el autodesarrollo comunitario, aclarando que será expuesta de forma sucinta debido a que ha sido la misma elaborada detalladamente por

---

[170] Las categorías pueden revisarlas en: Santana González, Yorkys. Las relaciones de amistad como mediación del autodesarrollo comunitario. Tesis en Opción al Grado de Master en Desarrollo Comunitario. Universidad Central "Martha Abreu" de las Villas. Santa Clara, Cuba. 2007.

[171] Ver Capítulo I *Epistemología de las comunidades,* en: Alonso Freire, Joaquín; Pérez Yera, Armando; Rivero Pino, Ramón et all. *El autodesarrollo comunitario. Crítica a las mediaciones sociales recurrentes para la emancipación humana.* Editorial Feijóo. Santa Clara, 2004.

[172] Ibídem. pp.22-28.

[173] Este concepto que asumimos es tomado del el capítulo V del libro de  Alonso Freire, Joaquín; Pérez Yera, Armando; Rivero Pino, Ramón et all. *El autodesarrollo comunitario. Crítica a las mediaciones sociales recurrentes para la emancipación humana.* Editorial Feijóo. Santa Clara, 2004

**Yorkys Santana González**[174]. Tales constructos epistémicos derivan en principio de análisis, evaluación e intervención comunitaria desde la concepción del Centro de Estudios Comunitarios **CEC**[175] y se concreta en la asunción de:

- La conciencia crítica como premisa de la disposición al cambio y una nueva actitud ante la realidad.
- La modificación de la realidad comunitaria como acto creativo teniendo en cuenta las circunstancias y las potencialidades internas de los sujetos individuales y colectivos.
- La autogestión y la sostenibilidad concibiéndolas de modo integral, a largo plazo y mediante el aprovechamiento y potenciación de los recursos disponibles tanto materiales como espirituales.
- El avance inmediato como realización de la potencialidad latente y premisa del futuro.
- La multicondicionalidad de los procesos sociales comunitarios

Se hace necesario entonces develar, hacer consciente el potencial de desarrollo no realizado de lo comunitario y ajustar la acción transformadora a las zonas de desarrollo próximo del grupo social asumido como comunidad[176].

Sintetizando, toda intencionalidad en pos del desarrollo comunitario exige: primero el conocimiento de las reales potencialidades del grupo para la participación y la cooperación y segundo la identificación de las fuerzas que desde el entramado social las obstaculizan. Esta exigencia se convierte en punto de partida y atraviesa todo el proceso de intervención social comunitaria[177]. Esto significa que asumimos la posibilidad real de develar las contradicciones que en el proceso surjan y las potencialidades que tienen los sujetos comunitarios para hacer conscientes las mismas y desarrollar proyectos conjuntos que puedan satisfacer la resolución de estas contradicciones en el modo de vida cotidiano.

Tal proceso tiene además como requerimiento el ser proyectado conscientemente por quienes tienen que ser sus

---

[174] Las categorías pueden revisarlas en: Santana González, Yorkys. *Las relaciones de amistad como mediación del autodesarrollo comunitario.* Tesis en Opción al Grado de Master en Desarrollo Comunitario. Universidad Central "Martha Abreu" de las Villas. Santa Clara, Cuba. 2007. Esta tesis se puede revisar en la Biblioteca del Centro de Estudios Comunitarios de la Universidad Central "Martha Abreu" de las Villas en Santa Clara, Cuba.

[175] Alonso Freire, Joaquín; Pérez Yera, Armando; Rivero Pino, Ramón et all. *El autodesarrollo comunitario. Crítica a las mediaciones sociales recurrentes para la emancipación humana.* Editorial Feijóo. Santa Clara, 2004. pp. 26-46.

[176] Ibídem. pp.27-29.

[177] Ibídem. pp.28-32.

protagonistas. Los cuales consideramos que son los miembros de la comunidad y no los investigadores como refieren otras concepciones sobre el trabajo comunitario. Lo cual supone para la intervención comunitaria la consideración de la dialéctica de lo espontáneo y lo consciente, y la elaboración de proyectos de autodesarrollo.

Sin embargo para lograr esta labor tanto los profesionales como los comunitarios deben tener presente la existencia de múltiples mediaciones que existen en las comunidades, tanto  políticas, económicas y sociales que pueden constituir barreras u obstáculos para el logro de la resolución conjunta ante las metas y proyectos diseñados por la comunidad. Es aquí donde expresamos nuestra preocupación por una de las mediaciones sociales, las relaciones de amistad, que no han sido analizadas en otras investigaciones en su relación dialéctica con el autodesarrollo comunitario.

Entonces es preciso señalar que las relaciones de amistad se encuentran presentes en la ejecución de proyectos conjuntos. Esto lo podemos apreciar cuando valoramos los epistemas de las relaciones de amistad en función de las tres variables fundamentales e imprescindibles para la ocurrencia del autodesarrollo comunitario -la cooperación y la participación consciente y el proyecto conjunto- donde la lealtad, la colaboración y solidaridad promueven vivencias únicas de intimidad y reciprocidad afectiva que potencian las acciones conjuntas necesarias en todo el entramado comunitario, las cuales permiten que en cada una de las planeaciones que a nivel consciente se realicen para la consecución de metas y objetivos propuestos estén presentes este tipo de relaciones, que a su vez matizan la cotidianidad y favorecen la calidad de las ejecuciones y el compromiso ante las tareas propuestas. Y por ende desde el autodesarrollo comunitario a través de la participación y la cooperación en la gestación de proyectos conjuntos se potencian las relaciones de amistad ya que al estar interactuando cotidianamente con bases solidarias e integradas los miembros comunitarios pueden establecer y desarrollar de forma más efectiva este tipo de relación.

Es por eso que en el propio proceso de gestación de lo comunitario las relaciones de amistad (hablamos preferentemente de las que se manifiestan en el nivel grupal) enfatizan la necesidad de una relación vincular cargada de lealtad y colaboración entre los sujetos comunitarios para lograr que sean efectivas las propuestas y soluciones a las disímiles problemáticas que se presentan durante la gestación y desarrollo de los proyectos conjuntos para beneficio de la comunidad, así como también en el grupo comunitario en que se manifiestan las expectativas y los manejos de contradicciones y conflictos, se pueden potenciar las relaciones de amistad entre sus miembros y de las otras formas de  relaciones que establecen los mismos, de otra manera estos conflictos y contradicciones lo que harían sería destruir la consecución de los proyectos y por ende obstaculizar el alcance de los objetivos y metas propuestos por los miembros comunitarios. Como dijese **Enrique Pichón Riviere**[178]: "El sujeto no es sólo un sujeto relacionado, es un sujeto producido. No hay nada en él que no sea la resultante de la interacción entre individuos, grupos y clases". Ello significa que no hay nada en el sujeto que no implique la presencia de un otro social, culturizado y por ende ese otro cuando maneja códigos y símbolos que le son comprensibles y que además son recíprocos cognitiva, conductual y afectivamente, entonces se beneficia la calidad de vida de estos sujetos y en si la expresión del autodesarrollo de lo comunitario como finalidad hacia la emancipación personal y colectiva en contraposición de la enajenación cotidiana existente.

Por ende explicar la interconexión que existe entre las relaciones de amistad y la cooperación y participación en el autodesarrollo comunitario es una forma de aseverar la importancia de potenciar las relaciones de amistad en el desarrollo comunitario que sirven de fundamento para mejorar la elaboración y ejecución de proyectos comunitarios gestados en el seno de las relaciones interpersonales que se manifiestan en la comunidad.

Pues es en la comunidad donde se hacen más tangibles y concretos para el hombre sus vínculos sociales y donde la sociedad encuentra los recursos más diversos para influir sobre los hombres, en ella es donde estos pueden gestar sus propios proyectos conjuntos y no sólo delegar la responsabilidad del propio accionar a favor de cambio significativos en la vida cotidiana de los comunitarios. Es decir, incorporar en el desarrollo de la sociedad las aspiraciones de los diversos grupos sociales; y que los actores comunitarios se conviertan en sujetos activos de su propio proceso de cambios, porque por otro lado, "ellos son los que tienen la capacidad de construir y transformar proyectos de pequeña y/o gran escala, como por ejemplo las concepciones de nación, región, ciudad, la idea de futuro y progreso, y todos ellos pueden partir de proyectos sociales que se gestan desde lo comunitario"[179].

---

[178] Citado en: Adamson, Gladis. *Concepción de Subjetividad en E. P. Riviere*. En: http:\\www.ProyectoDoctoralUCLV.cu\subjetividadenPichonRiviere.html 2005.

[179] López, Raul Eduardo. *La política social municipal y el desarrollo comunitario*. Ribeiro, Manuel y López, Raúl Eduardo (ed), *Políticas sociales sectoriales: tendencias actuales (tomo II)*, Imprenta Universitaria de la Universidad Autónoma de Nuevo León, Monterrey, México.1999. pp. 47- 64.

Con esto queremos precisar que se hace urgente recuperar y reconstruir "el sentimiento de que uno es parte de una red de relaciones de amistad, de apoyo mutuo en que se podría confiar y como resultado del cual no experimenta sentimientos permanentes de soledad que lo impulsan a actuar o adoptar un estilo de vida que enmascara la ansiedad y predispone a una angustia posterior más destructiva". "El sentimiento de que uno pertenece a, y forma parte significativa de, una colectividad mayor...; de que, aunque pueda haber conflicto entre las necesidades del individuo y la colectividad..., ese debe ser resuelto de forma que no se destruya el sentido de la participación y la colaboración consciente entre los actores comunitarios"[180].

Veamos que no nos estamos refiriendo a una cuestión cuantitativa de suma de personas, cantidad de intercambios, expansión geográfica de los contextos regionales; sino que estamos hablando de una apertura cualitativa, de una posibilidad y una oportunidad reales de permeabilizar las fronteras del mundo privado e íntimo para construir con otros una mutualidad, una interdependencia, una pertenencia dialógica donde los hombres son valorados por lo que son ante lo colectivo y no por lo que hacen.

Precisamente la cuestión más grave en la actualidad es que los sistemas económicos, políticos y sociales globalizadores vigentes, han desintegrado los sistemas comunitarios imponiendo modelos extranjeros que nada tienen que ver con nuestras historias, nuestra cultura, nuestras tradiciones. Es evidente que es la ley del más fuerte, donde el crudo mensaje es: no importan tus valores, no importa quién eres, no importa tu cultura, sólo trata de subsistir y compite aunque te sientas solo y alienado. Lo cual irrumpe con la formación de valores asociados a las relaciones de amistad donde la lealtad, la vida en comunidad, colaboración, solidaridad e intimidad resuelven constituir acciones que destierren la enajenación e instauren la emancipación en los grupos sociales que gestan lo comunitario o que se organizan para lograrlo.

La amistad requiere de un tiempo y espacio, ya que es un vínculo que se establece a través del conocimiento y proximidad del otro u otros y que con el paso de los años se vuelve resistente y duradera, por tanto no se rompe fácilmente; ella, al igual que los procesos de desarrollo comunitario, proyectan su finalidad, en la ejecución de un proyecto común, en función de elevar la calidad de vida de sus miembros logran movilizarlos en función de una participación coordinada, integrada y consciente, para solucionar las

---

[180] Sánchez, Alipio. *Psicología Comunitaria, bases conceptuales y operativas. Métodos de intervención*. Promociones y Publicaciones Universitarias, S.A, Barcelona, España. 1991

problemáticas que se presentan en las condiciones de vida y existencia concretas en las que conviven. Entonces las relaciones de amistad pueden condicionar la vida de las personas y potenciar mayor interacción durante la participación comunitaria y establecer, de forma explícita e implícita, normas que permitan que las personas que comparten las actividades conjuntas se beneficien, no sólo del logro del alcance de sus metas y objetivos colectivos, sino también del propio proceso durante su realización para llegar a las metas, lo cual posibilita que fluyan mejor las diversas impresiones y se solucionen los conflictos, al mismo tiempo que se logren potenciar las relaciones de amistad y elevar la identidad y pertenencia con el grupo en el cual se está desempeñando el sujeto necesitado de la acción profesional.

Ejemplo de estas situaciones la podemos apreciar en las actividades conjuntas que un grupo de 30 adolescentes de Santiago de Cuba[181], realizaron para disminuir las conductas agresivas que prevalecían en algunos de los miembros del grupo al cual pertenecían. Ellos tuvieron que trabajar en conjunto, elaborar metas y objetivos para desarrollarlos grupalmente, dado la reflexión grupal que se realizó en el grupo formativo sobre la importancia y significación de trabajar en equipo, de forma coordinada e integrada para lograr que fueran relevantes las acciones que se sucedían en la cotidianidad de este grupo y por ende alcanzar el resultado que se propusieron. Aquí los adolescentes, a partir de su labor conjunta y consciente, lograron disminuir las conductas agresivas en la medida que potenciaron sus relaciones de amistad y establecieron una participación consciente de las situaciones conjuntas conflictivas que deberían solucionar, así como de las contradicciones que en las relaciones entre sus miembros existía que podría impedir el cumplimiento de los objetivos trazados[182].

Ahora bien, es también a través de las relaciones de amistad que el proceso de cooperación en el autodesarrollo comunitario puede alcanzar su máxima expresión pues como dijese Cicerón el servicio y el consejo son deberes de la amistad, servir al amigo es hacerles favores, pero exclusivamente los honestos y nobles; es enriquecerlos

---

[181] Ver Ballesteros Padilla, Ariday. *Programa de Intervención Amistad Vs Agresividad en Sujetos que Pertenecen a la Adolescencia Media (15 a 18 años de edad).* Tesis de Diploma en Psicología. Universidad de Oriente. 2005. pp. 39-56.

[182] Aquí en esta investigación se utilizó el grupo formativo para a través de la potenciación de las relaciones de amistad lograr disminuir las conductas agresivas de algunos de los miembros del grupo, pero no de forma lineal o causal, sino dialécticamente a partir de las interacciones constantes, las reflexiones, el análisis de las contradicciones esenciales entre los miembros en el grupo, la necesidad de elaboración de proyectos conjuntos y el desarrollo de algunos seleccionados, la valoración del funcionamiento como grupo para sí y no de forma individual. En general esta experiencia se aproxima bastante a la concepción del Autodesarrollo Comunitario con la que trabajamos en nuestra investigación y por ende constituye una base praxiológica del fundamento de la teoría que estamos desarrollando.

con lo que uno tiene, virtud, inteligencia o fortuna. Aconsejar al amigo es otra manera de servirlo, nunca con adulación, que es el mayor azote de la amistad, siempre con franqueza, pero sin acritud[183]. Da fuerza en la lucha, confianza en el porvenir, sostén en cualquier situación de la vida. Hace más brillante la buena fortuna y más llevadera la adversidad. Lo cual genera un clima de coordinación y superación de las contradicciones que se han incorporado durante el proceso de autodesarrollo.

Si consideramos que la mediación se inscribe en la vida personal y el conjunto de la vida social como un elemento que puede, con fuerza y discreción, contribuir al establecimiento, a la mejora de todas las relaciones, sean las que fueren. Recurrir a ella no es una forma de ponerse en manos de alguien, es permitirse a uno mismo ir más lejos; son entonces las relaciones de amistad mediadoras en el proceso de interacción que se genera en los grupos en los cuales la participación y la cooperación de sus miembros posibilitan la elección consciente de proyectos de transformación.

De manera fáctica esta expresión la podemos apreciar cuando analizamos la necesidad que poseía una comunidad de diseñar y construir un círculo social, no había fomentado la cooperación y la participación consciente para gestar un proyecto que lograra cumplir su objetivo y los actores comunitarios no sabían como lograr esta meta debido a que no poseían los recursos necesarios para realizarla, sin embargo tenían instrumentada relaciones de amistad entre los miembros de la comunidad y fuera de esta en sus puestos laborales, elementos que fueron de gran utilidad para lograr organizar acciones encaminadas a la gestión de materiales por sus centros de trabajo a través de las relaciones de amistad que potenciaron toda una gama de cooperación entre las redes de amistad y se satisfizo la necesidad de la implementación de un círculo social en esa comunidad[184]. Situación que nos demuestra una vez más la importancia de las relaciones de amistad en la solución de situaciones y acciones que se gestan en el proceso de autodesarrollo comunitario, que vinculan la actividad coordinada e integrada de los actores comunitarios. Es a través de las influencias de las relaciones de amistad que los actores comunitarios lograron poder diseñar y construir su círculo social, debido a que

---

[183] Cicerón, Marco Tulio. *Los oficios o los deberes. De la vejez, de la amistad.* Editorial Porrua S.A, México, D.F, 1997. pp. XVII-XX del prólogo.

[184] Esta situación sucedió en un barrio universitario en la provincia de Camagüey, comunidad que está enmarcada en la zona próxima a la Universidad de Camagüey y que constituyó una experiencia enriquecedora para la gestación de proyectos comunitarios en la Provincia. Tomado de: Vargas, Sánchez Tomas. *La labor comunitaria como factor esencial en la coordinación de la vida cotidiana.* Conferencia Impartida en la Universidad de Camagüey, Marzo 2004.

anteriormente tenían la necesidad de hacerlo, pero no es hasta que se organizan y elaboran el proceso de gestación de este proyecto conjunto y utilizan toda la red de amistad para lograr adquirir los materiales necesarios para su confección, que por otra vía no hubiese sido factible.

La autora Ammi Vergel ha demostrado a través de su tesis que los indicadores de la amistad[185] han posibilitado el aumento de la solidaridad  estimulada por la colaboración expresada en el trabajo conjunto de los niños en función de metas comunes, no solo en el marco escolar, sino también en el de coetáneos y el familiar. Llegó a la conclusión a través del Experimento Formativo[186] que las relaciones de amistad constituyeron una condición útil en la organización de los procedimientos de trabajo para cumplir la tarea y su ejecución, asumiéndose roles complementarios, traduciéndose esto en cooperación como modos organizativos de la actividad, el cual estimuló la motivación y el rendimiento en la ejecución de la tarea, así como la asimilación de valores en torno al ideal presentado, no siendo así esta manifestación en el grupo de los estudiantes que no poseían relaciones de amistad entre sus miembros.

Si bien en la cooperación la necesidad de compartir un proyecto común es su esencia, es en la actividad integrada del grupo donde mayormente se destaca la amistad como fuente excepcional para expresar nuestros sentimientos e ideas: permite compartir intereses, actividades, comparar nuestros puntos de vista con lo cual se avanza hacia nuevos y mayores conocimientos sobre aspectos comunes a nuestros intereses; a través de los amigos aprendemos a compartir, a dar y recibir, a involucrarnos en relaciones de pertenencia, de cohesión grupal; aprendemos el significado de las normas; igualmente a aceptar a los demás tal como son, respetándolos afirmando nuestros valores y creencias, ensayando y desarrollando nuestros propios estilo de vida.

### Conclusiones.

Las relaciones de amistad constituyen mediaciones del autodesarrollo comunitario en la medida que coadyuvan en el alcance de la emancipación de los actores comunitarios, la implementación de la autogestión y sostenibilidad, concebidas de modo integral a largo

---

[185] Ver: Vergel Expósito, Ammi Elim. *La influencia de la amistad en la formación de cualidades morales en escolares de 9 a 10 años.* Tesis en opción al grado de Licenciada en Psicología. Universidad Central "Martha Abreu" de las Villas. Junio, 2005. pp 57-75.

[186] Ibídem. Ver anexos 3, 4, 5 y 6.

plazo y del aprovechamiento y potenciación de los recursos disponibles, tanto materiales como espirituales.

En el autodesarrollo comunitario mediante las relaciones de amistad los actores comunitarios pueden expresar su solidaridad, fraternidad, lealtad, reciprocidad afectiva, colaboración y resolución de las contradicciones de manera afectiva, generando un crecimiento individual y grupal que modifica en gran medida la conducta asumida durante la gestación de lo comunitario y la ejecución consciente de los proyectos conjuntos.

En la participación, con el apoyo de la estructuración de las relaciones de amistad, los actores comunitarios pueden implicarse mayormente en la consecución de actividades en su vida cotidiana, las cuales son atravesadas por la igualdad, el carácter emocional de las tareas que vinculan a los hombres y mujeres por los principios de la relación amistosa, más estructurada y eficiente, que por el mero conocimiento de la necesidad de organizarse y trabajar en función de un objetivo común que beneficie el sistema de vida de estas personas.

En la participación las relaciones de amistad a través de sus funciones sociales como son las socializadora, identificadora, referencial o valorativa, capacitadora y descentralizadora modifican la interacción en la gestación y desarrollo de lo comunitario, debido a que las mismas logran que el conjunto de acciones sean valoradas de forma crítica y descentralizada de la idealidad, con base en el resurgir de las nuevas formas de actuar y pensar que adquiere la comunidad, cuando ha logrado identificar sus contradicciones, trabaja en función de disminuirlas y asumir esta nueva realidad, a través de la valoración constante que supera los estadios anteriores y emerge en una visión diferente de la forma de vida de sus comunitarios.

Las relaciones de amistad constituyen mediaciones en la cooperación que se efectúa en el autodesarrollo comunitario, debido a que a través de los amigos se generan espacios de reflexión continua, ayuda mutua, solidaridad, comprensión y apoyo en el cumplimiento de las actividades coordinadas e integradas, permiten asumir puntos de vistas diferentes con arreglo al diálogo y la comprensión de las diferencias, elaboración de los proyectos conjuntos y consecución de los mismos, elevando la calidad de su ejecución e integrando nuevas experiencias que son significativas gracias a la colaboración constante; satisfacción de necesidades materiales y espirituales, sustento, crítica constructiva, desarrollo de la autoestima, así como también solidifican la identidad y pertenencia a los grupos en que se desarrollan.

En la cooperación las relaciones de amistad constituyen la interacción que pueda conducir a extender el entendimiento, la confianza y la solidaridad de forma inductiva, esto es, de casos particulares a la generalidad, y por  consiguiente permitir la real cooperación del sujeto en la elaboración y desarrollo de los proyectos conjuntos como sujetos activos y transformadores de esa realidad, en la cual forman parte, toman parte y son parte de cada uno de los cambios que generan en su propio contexto político, económico y social.

En sentido general consideramos que las relaciones de amistad favorecen el proceso de autodesarrollo comunitario.

## Conclusiones del Libro.

De una forma u otra nuestra intención no ha sido escribir un libro que pueda agotar toda la temática trabajada sobre las relaciones de amistad en Cuba, por el contrario significa una apertura a la misma, con el objetivo de atraer la atención de los profesionales de las ciencias sociales y humanistas respecto a las disímiles problemáticas que sobre este tema se están generando en nuestros contextos y que es también una incidencia en los otros países de nuestro Planeta, a lo cual hacemos una llamada de "ALERTA" a todos aquellos que se sientan implicados y que deseen ocuparse de este valor y sentimiento: LA AMISTAD, la cual con el avance de las nuevas tecnologías se ha ido perdiendo y/o pasando a un segundo plano en la vida cotidiana.

No es desconocimiento de muchos que con la acelerada situaciones sociales que nos generan las sociedades actuales de consumo, se quedan relegados todo un conjunto de valores esenciales para lograr ser más humanos y más solidarios en cada una de  las acciones que generamos en la convivencia y por ende en cada una de las relaciones que formamos o compartimos en los contextos socioculturales (escuela, familia, grupos informales, centro laboral, centros culturales y de recreación, etc), que nos brindan el apoyo necesario para lograr satisfacer nuestras necesidades sociopsicológicas y materiales, así como también nos determina en muchos casos cómo es la vida que podemos, y no la que queremos vivir.

Por esta razón el apoyo que nos proporcionan las personas con las que nos relacionamos hace que nuestra vida pueda ser mejor o peor. Compartiendo con **Felix Requena**[187] cuando hace referencia a que "la alegría de la vida o el dolor de la soledad se llevan mejor si hay otros a nuestro lado".

Lo que nos convierte en fieles defensores de proporcionar a las personas herramientas q ue les permitan formar relaciones de amistad y mantenerlas, como una de las alternativas de escape ante la vorágine que nos produce los constantes cambios económicos, políticos y sociales que se estructuran en nuestras culturas y que nos obligan a ser cada día más sociables y amistosos.

---

[187] Requena Santos; Felix. *La amistad como un sistema de apoyo social.* Revista Crítica No 918. Septiembre-Octubre, 2004.  pp. 22-24

Ya comenzamos a hacer algo por estas razones…

Recuerda que sólo se hace camino al andar y ya hemos echado a andar…

Sólo faltas tú… ¿Te unes o sigues?

## Bibliografía

1. Adamson, Gladis. *Concepción de Subjetividad en E. P. Riviere.* En: http:\\www.ProyectoDoctoralUCLV.cu\subjetividadenPichonRivie re.html  2005.

2. Allan, G. H. *A Sociology of friendship and kinship.* London, George Allen and Unwin. 1979.

3. Alonso, Freyre Joaquín; Pérez Yera, Armando; Rivero Pino, Ramón; et al. *"El autodesarrollo comunitario. Críticas a las mediaciones sociales recurrentes para la emancipación humana".* Editorial Feijóo, Santa Clara 2004.

4. Álvarez Suárez M. *Construcción sociocultural de la masculinidad.* Seminario nacional de capacitación sobre género en la comunicación y sexismo en el lenguaje. La Habana. Cuba: Editorial de la mujer, FMC 2001

5. Ander-Egg. E. *El trabajo social como acción liberadora.* Buenos Aires, 1985.

6. Ander-Egg. *Conceptos de comunidad y desarrollo de la comunidad. En Selección de lecturas sobre Trabajo Social Comunitario.* Curso de Formación de Trabajadores Sociales. Centro Gráfico de Villa Clara. 2001.

7. Arias Herrera, Héctor: *La comunidad y su estudio.* Editorial Pueblo y Educación, La habana, 1995.

8. Aristóteles. *Etica a Nicómano, CEC,* 1970; ID, *Ética,* CEC, 1970; BUBER M., II *principio dialógico* Comunitá Milán 1958- Cassianno G., *Collationes* 16, en SC 54,2.

9. Arango Cálad, Carlos A. *Hacía una psicología de la convivencia.* En: http://www.angelfire.com/poetry/jaimesanchez/Psicologia_de_la_ Convivencia.html 2004.

10. Arnold, Marcelo y Robles, Fernando. *Explorando caminos transilustrados más allá del neopositivismo epistemologías para el siglo XXI.* Revista Cinta de Moebio No. 2 de Diciembre 1997. Facultad de Ciencias Sociales. Universidad de Chile.

11. Ballesteros Padilla, Ariday. *Programa de Intervención Amistad Vs Agresividad en Sujetos que Pertenecen a la Adolescencia Media (15 a 18 años de edad).* Tesis de Diploma en Psicología. Universidad de Oriente. 2005.

12. Bandura A.: *"Aggression: A social Learning Analysis",* Ronald Press N.Y., 1973

13. Betancourt Jiménez, Lourdes. *La formación de los valores y habilidades sociales a partir de los valores que privilegian el*

*sistema educacional cubano*. Tesis en opción al grado de Licenciatura en Pedagogía. Las Tunas. Cuba. 2004.

14. Bidart, C. *Les semblables, les amis et les autres: sociabilité et amitié*, Tesis Doctoral, Marseille EHESS, 1993.

15. Bigelow, B.J., & LaGaipa, J. J. *Childrens written descriptions of friendship: A multidimensional analysis*. <u>Developmental Psychology, 11,</u> 1975.

16. Bischoffshausen, P. Cabrera, A. Castañeda, M. Garrido, J. Ortega, A. *Aprendizaje Colaborativo Asistido por Computador*. La Esencia Interactiva. Referencia virtual en <u>http://contexto-educativo.com.ar/1999/12/nota-8.htm</u> 1999.

17. Blieszner, Rosemary and Adams, Rebecca G. *Adult Friendships*. Edited Sage Pubns. 0803936737.1992.

18. Bombino, Luis R. *Estudios Éticos. Selección de lecturas*. Parte 1 y 2. Universidad de la Habana. 1987.

19. Bozhovich, L.I. *La personalidad y su formación en la edad infantil*. Editorial Pueblo y Educación, La Habana, Cuba, 1976.

20. Briger, R. y Robert J. M. *Solidarity and Social Networks*. En P. Doreian y T Farraro. *The Problems of Solidarity. Theories and Models Amsterdam:* Ed Gordon and Breach, 1998.

21. Brivio, A. *La Autogestión Comunitaria.* En: <u>http://www.gestiopolis.com/recursos/documentos/fulldocs/eco/aut ogescomuni.htm</u> Obtenida el 12 de Octubre de 2005.

22. Broidy, L., Cauffman, E., Espelage, D. L., Mazerolle, P., & Piquero, A. *Sex differences in empathy and its relation to juvenile offending*. Violence and Victims, 18, 503-515. 2003.

23. Brooks, Adams Henry. *La Psicohistoria y el Caos*. Educations of Henry Adams. 1995.

24. Bustillo, Graciela. *Selección de lecturas sobre trabajo comunitario. Investigación acción participativa*. Asociación de pedagogos de Cuba, 2001. La Habana. Cuba.

25. Caballero Rivacoba, Maria T; Yord García, Mirtha. *El Trabajo Comunitario: Una alternativa cubana al desarrollo social*. Ediciones Ácana. Ediciones Universidad de Camagüey. 2004.

26. Calviño, M. *Trabajar en y con grupos. Experiencias y reflexiones básicas*. La Habana: Editorial Academia. 1998.

27. Calviño, M. *Las relaciones de convivencia*. Revista Bohemia, Marzo del 2004, año 96, No. 6. La Habana. 2004.

28. Caprara, G. V., Steca, P., Zelli, A., & Capanna, C. A new scale for measuring adult's prosocialness. European Journal of Psychological Assessment, 21, 77-89.2005.

29. Campbell, W. Keith, Sedikides, Constantine; Reeder, Gleen D and Elliott, Andrew J. *Among Friends? An Examination of Friendship*

*and the Self-Serving Bias*. British Journal of Social Psychology. Vol 39(2), 2000.

30. Carrera Camuesco, Ángela. *La amistad.* En: http://www.telefonica.net/web2/cipsaonline/tem.html#amistad 2004.

31. Castañeda, E. *et al. Procesos de Organización y Desarrollo Comunitario.* http://www.ymcabta.com/publicaciones1/programa5.htm Revisado Julio 16 del 2005.

32. Castillo, Gerardo. *Relaciones de amistad entre chicos y chicas adolescentes.* En: http://www.edufam.net/escpad/TemTrabAd.htm. 2001

33. Cathalifaud, Marcelo, A. *Introducción a la Epistemologías Sistémico/Constructivistas.* Revista Cinta de Moebio No. 2 de Diciembre 1997. Facultad de Ciencias Sociales. Universidad de Chile.

34. Chacón Rodríguez, Daniel. *La filosofía de la amistad en Santo Tomas de Aquino.* En: http://www.monografias.com/trabajos10/satom/satom.shtml. 2003; De Aquino, Santo Tomas. *De Veritate.* B.A.C., Madrid, 1962.

35. Cicerón, Marco Tulio. *Los Oficios o los Deberes. De la Vejez, de la Amistad.* Editorial Porrua S.A. México, D.F. 1999.

36. Clark, M. S., & Mills, J. *The difference between communal and exchange relationships: What it is and is not.* Personality and Social Psychology Bulletin, 19, 1993.

37. Colectivo de autores. *Jóvenes, formación y empleo.* En http://www.cinterfor.org.uy/public/spanish/region/ampro/cinterfor/temas/youth/index.htm 2003.

38. Colectivo de Autores. *Criterios de validación de las ciencias.* En Comportamiento Humano. Capítulo 5. 2001.

39. Colectivo de Autores. *Ética y Política. La Amistad.* En http://www.estudiadmalditos.com 2001.

40. Colectivo de autores. *Selección de lecturas sobre Trabajo Comunitario.* Rev. Internacional de Desarrollo Sanitario. OMS. UM 114 #3, 1996. Ciudad Habana. Cuba.

41. Colectivo de Autores. *Psicología del Desarrollo del escolar: Selección de Lecturas tomo II* Cuaderno de Trabajo. La Habana: Editorial Félix Varela. 2003.

42. Coleman, J. *Friendship and the Peer Group in Adolescence.* In J. Adelson. Ed. Handbook of adolescent. New York: Wiley. 1980.

43. Condon, J.W, y W.D. Crano. *Inferred Evaluation and the Relation Between Sttitude Similarity ánd Interpersonal Attraction.* Journal of Personality and Social Psychology 54, 1998.

44. Crook, Ch. *Ordenadores y Aprendizaje Colaborativo*. Ediciones Morata, Madrid. 1998.

45. Cszikszentmihalyi, M y Larson. *Being Adolescent: Conflict on Growth on the Teenage Years*. Ed. Basic Books. New York. E.U.A. 1984.

46. Cucco, Mirtha: *El rol del profesor. Aprendizaje, grupo y conflictos relacionales en el aula*. En Revista Vínculos, No. 5, diciembre 1997.

47. Dávalos, R. Y Bail, A. *Desarrollo urbano: proyectos y experiencias de trabajo*. Universidad de la Habana, 1997.

48. De Amicis. Edmundo. *Corazón*. La Habana: Ediciones Huracán. 2004.

49. Del Barrio, V.; Moreno, C. y López, R. *Evaluación de la agresión e inestabilidad emocional en niños españoles y su relación con la depresión*. Clínica y Salud, 13.2001.

50. De Quiroga, Ana Pampliega. *Matrices de Aprendizaje*. Ediciones Cinco, Buenos Aires, Argentina. 1999.

51. Dávalos, R. Y Vázquez, R. *Participación social. Desarrollo urbano y comunitario*. Universidad de la Habana, 1996.

52. De la peña, José Antonio. *La complejidad de la Complejidad*. Revista Cinta de Moebio No. 10 de Marzo 2001. Facultad de Ciencias Sociales. Universidad de Chile. 2001.

53. De Mellado, Magdalena R. *El valor de la amistad*. En: http://www.psicoactiva.com. 1999.

54. De la Rúa, Ainhoa de Federico and Curie Fellow, Marie. *La dinámica de las redes de amistad. La elección de amigos en el programa Erasmus*. REDES. Revista hispana para el análisis de redes sociales. Vol. IV, #3, junio. 2003.

55. Estevan, Rossana. *La epistemología del encantamiento*. Revista Cinta de Moebio. Noviembre, No.5, 1999. Facultad de Ciencias Sociales. Universidad de Chile.

56. Fitzgibbons, M.D. Richard. *La curación de la homosexualidad. La curación de las atracciones y los comportamientos homosexuales*. Disponible en: http://www.vidahumana.org/vidafam/homosex/curacion.html 2004.

57. Fuentes, Mara. *La eficiencia del trabajo en grupo*. Editorial Félix Varela. La Habana. 2000.

58. Fuentes, M.; Sorín, M y Tovar, M. A. *El papel del psicólogo en el ámbito comunitario*. En Tovar, M. A. En *Selección de lecturas de Psicología de las comunidades*. La Habana: ENPSES. 1998.

59. Gallaga, Netzahualcóyotl. Teorías de las relaciones humanas. En: http://www.gestiopolis.com/recursos/documentos/fulldocs/rrhh1/te orelhum.htm 2004.

60. Gauthier, Luis. *"Heterosexualidad, homosexualidad"*. Centro Nacional de Educación Sexual de Cuba (CENESEX), 2004.

61. González Otero, Yatsela, Ailemys Rodríguez Chinea y Luís Felipe Herrera Jiménez: *"Los trastornos de conductas en los adolescentes: un abordaje desde la neuropsicología"*. Revista Santiago, Edición Especial, 2007.

62. González, Marta C., Lind, Pedro G. and Herrmann, Hans J. *System of Mobile Agents to Model Social Networks*. Physical Review Letters #96, 088701, 2006.

63. González Rey, Fernando. *La personalidad, su educación y desarrollo*. Editorial Pueblo y Educación. La Habana. Cuba. 1985.

64. González Rey, Fernando. *Psicología Humanista Actualidad y Desarrollo*. Editorial. Ciencias Sociales. 1994.

65. González Rey, Fernando. *Sujeto y subjetividad, una aproximación histórico cultural*. México. International Thomson Editors. 2002.

66. González Serra, Diego. *La psicología del reflejo creador. Fundamentos Teóricos de la Psicología Marxista Cubana*. Instituto Superior Pedagógico José Varona. La Habana Cuba. 2000.

67. Grupo Ministerial para el Trabajo Comunitario (s/a). *Proyecto de Programa de Trabajo Comunitario Integrado*. En Colectivo de autores. Selección de Lecturas sobre Trabajo Comunitario. Ciudad de La Habana. CIE "Graciela Bustillos", APC. 2002.

68. Hartup, W.W. *Cooperation, close relationships and cognitive development*. En W. M, Bukowski; A F. Newcomb and Hartup (Edi), *The company they keep. Friendship in childhood and adolescence*. pp. 213-237. Cambridge, UK: Cambridge University Press. 1996.

69. Horrock, L. *Adolescent's Pshychology*. Ed. Basic Books. New York. E.U.A. 1996

70. Ibáñez, J. *Las medidas de la sociedad*. Revista Española de Investigaciones Sociológicas, núm. 29. 1985.

71. Ibáñez, J. *El conocimiento de la realidad social*. Barcelona: Sendai. 1989.

72. Ikeda, Daisaku. *Pensamientos sobre la Amistad*. Universidad Ontario Occidental. 2003.

73. Kon, I. S. *Psicología de la Edad Juvenil. Capítulo VI- Los afectos entre individuos. La amistad*. Editorial Pueblo y Educación. La Habana, Cuba, 1990.

74. Kosik, Karen. *Dialéctica de lo concreto. Estudios sobre los problemas del hombre y el mundo.* Editorial Grijalbo, S.A. Barcelona. 1979.

75. León Rubio, José María; Barriga Jiménez, Silverio et all. *Psicología Social. Orientaciones teóricas y ejercicios prácticos.* Editorial Mc Graw Hill. Madrid España. 1998.

76. Limia D, Miguel. *Sociedad civil y participación en Cuba.* Informe de investigación. Instituto de filosofía. La Habana. Cuba. 1997.

77. López Quintas, Alfonso. *El tesoro de la amistad.* Disponible en http://es.catholic.net/empresarioscatolicos/436/1027/articulo. 2005.

78. López, Raul Eduardo. *La política social municipal y el desarrollo comunitario.* Ribeiro, Manuel y López, Raúl Eduardo (ed), *Políticas sociales sectoriales: tendencias actuales (tomo II),* Imprenta Universitaria de la Universidad Autónoma de Nuevo León, Monterrey, México.1999.

79. López, Luis. R. *El saber ético de ayer a hoy.* La Habana: editorial Félix Varela. 2004.

80. Loudin, J. L., Loukas, A., & Robinson, S. *Relational aggression in college students: examining the roles of social anxiety and empathy.* Aggressive behavior, 29, 430-439. 2003.

81. Luffiego García, Máximo. *Reconstruyendo el constructivismo: hacia un modelo evolucionista del aprendizaje de conceptos.* Revista Investigación Didáctica #377. Enseñanza de las Ciencias. 2001.

82. Maritain, J. *Amor y amistad.* Editorial Nova Terra. Barcelona. 1964.

83. Martí, Pérez, José.. *La amistad en el hombre.* Obras completas. Tomo IV. Editorial Progreso. La Habana Cuba. 1965.

84. Martín Fernández, Consuelo Maricela Perera Pérez y Mayky Díaz Pérez: *La vida cotidiana en Cuba. Una mirada psicosocial.* Revista Temas. no. 7, julio-septiembre, 1996.

85. Mestre, V.; Pérez Delgado, E.; Frías, D. y Samper, P. (1999). Instrumentos de evaluación de la empatía. En E. Pérez Delgado y V. Mestre. *Psicología moral y crecimiento personal.* Pp.181-190. Barcelona: Ariel. 1999.

86. Mestre, V., Samper, P. y Frías, M.D. *Procesos cognitivos y emocionales predictores de la conducta prosocial y agresiva: La empatía como factor modulador.* Psicothema, 14(2), 2002.

87. Mestre, V.; Frías, D.; Samper, P. y Nácher, MJ. *Estilos de crianza y variables personales como factores de riesgo de la conducta agresiva.* Revista Mexicana (en prensa). 2003.

88. Mestre, V., Samper, P., & Frías, M. D. *Personalidad y contexto familiar como factores predictores de la disposición prosocial y antisocial de los adolescentes.* Revista Latinoamericana de Psicología, 36, 445-458. 2004.

89. Montenegro y Guajardo. *Psiquiatría del niño y del adolescente. En Conferencia de* Santiago Salvador, 1994. Universidad de Chile.

90. Montville, Joseph V. *¿Pueden las naciones ser amigas?* Editado en Centro Para Estudios Estratégicos e Internacionales. EUA. 2003.

91. Montero, M. *La comunidad como objetivo y sujeto de la acción social.* En Colectivo de autores, *Selección de Lecturas de Psicología Social Comunitaria.* Servigraf. 2001.

92. Montes, S.J, Fernando. *Reanalizando relaciones entre ética y economía.* En http://www.iigov.org/etica/5/5_04.pdf 2004.

93. Moral Jiménez, María De la Villa y Ovejero Bernal, Anastasio. Articulo: *La identidad psicosocial de los jóvenes construida en/ por la red social de amigos.* Universidad de Oviedo. 2003.

94. Morente, García. *Ensayo sobre la vida privada.* En Ensayos, Madrid 1945.

95. Nina S Mounts. *Parental Management of Adolescent Peer Relationship: What are Its Effects on Friend Selection?* Article N. 7. Praeger Publishers, Wearport, ct. 2000.

96. Newman, P. R. *The Peer Group.* In B. Wolman. Ed. Handbook of Developmental Psychology, Englewood Cliffs: Preutica-Hall, 1982.

97. Oakley, Meter. *Consideraciones en torno a la participación en el desarrollo rural.* Ginebra. Oficina internacional del trabajo. 1985.

98. Ortiz Alcaide, Natalia. *Relaciones de Amistad.* Editorial Gibralfaro. Revista de Ciencias Humanas. Año I. Número 10. Junio de 2003.

99. Orlandini, Alberto. *Femineidad y Masculinidad.* Editorial Oriente. Santiago de Cuba, 1995.

100. Orusshev, P; et al. *La dialéctica como sistema.* Editorial Ciencias Sociales. La Habana. 1978.

101. Palazzini, P. *Amistad.* En Diccionario de teología moral. Ed. Studium. Madrid. 1970.

102. Papalia, Dianne E. y Sally Wendkos Olds: *Psicología del Desarrollo de la Infancia a la Adolescencia.* Editorial McGRAW-HILL, 1992.

103. Parker. T and Gottman. R. *Intimancy during adolescence.* In Journal of Social and Personal Relationship. 2001.

104. Pettit, G.S., Bates, J.E., Dodge, K.A. y Meece, D. *The impact of after-school peer contact on early adolescent externalizing*

*problems is moderated by parental monitoring, perceived neighborhood safety, and prior adjustment.* Child Development, 70, 768-778, 1999.

105. Pérez, Romero. C, Morales, Acosta. Haydeé, Montysuma, Freire. Hilda. M, Corzo, Fabelo. José.R, Suárez Domínguez. Amalia. *La formación de valores en la Universidad: exigencias teóricas metodológicas.* Universidad de Matanzas Camilo Cienfuegos: Área de estudios sobre la Educación Superior. 2006.

106. Pichón Riviére, Enrique: *Teoría del Vínculo.* Ediciones Nueva Visión, Buenos Aires, Argentina, 1992.

107. Predvechni. G. P, Shercovin. *Psicología Social.* Ed. Política, La Habana, 1986.

108. PROCOMES. *Desarrollo Comunitario.* *http://www.procomes.org.sv/delo01.html* . (Consultado: Junio 7 del 2005).

109. Pupo, Rigoberto. *La actividad como categoría filosófica.* Editorial Ciencias Sociales. La Habana 1990.

110. Ramírez Guilarte, Mabis. *Estudio de la amistad en adolescentes agresivos.* Tesis en Opción al Grado de Licenciado en Psicología. Universidad de Oriente. Santiago de Cuba, Cuba. 2002.

111. Rebollar Sánchez y Maricel Alba: *Intervención Comunitaria. La Metodología de los Procesos Correctores Comunitarios. Una alternativa para el crecimiento humano en la comunidad.* Centro Nacional de Educación Sexual, 2003.

112. Requena Santos, Felix. *La amistad como un sistema de apoyo social.* Revista Crítica No. 918.Septiembre- Octubre 2004 .

113. Remplein, H. *Tratado de Psicología Evolutiva.* Editorial, Labor. Barcelona. España. 1991.

114. Richmond, M. *Selección de lecturas sobre Sociología y Trabajo Social.* 2000.

115. Rivero, Ramón; Riera, Celia M; Alonso, Joaquín: Gestar lo Comunitario GEDCOM. UCLV. 2001.

116. Rodrigo, Juan Carlos. *Mis amigos. Mis pares o iguales.* En: http://www.encolombia.com/saludascp-mis19.htm 2004.

117. Rodríguez García, Carlos. E.*Caracterización del Apoyo Social en grupos deportivos de escolares.* Tesis en opción al título de Master en Ciencias de la Educación. Centro de estudios de la Educación Superior. Universidad Central de las Villas. 2002.

118. Rogoff, Bárbara. Aprendices *del pensamiento. El desarrollo cognitivo en el contexto social.* Barcelona, España 1993.

119. Romero Graciela. *"La amistad como valor".* En: http://www.cucea.udg.mx/noticias/nota_comp.php?id=193 2004.

120. Ryan, R. M., and Lynch, J. H. *Emotional Autonomy Versus Detachment: Revisiting The Vicissitudes of adolescence and Young Adulthood.* Child Development, 60, 340-356 (Cap.13). 1989.

121. Salinas, Pedro. *Los amigos.* En: http://www.islaternura.com/ARINCONES/TextosAmables/Sobre%20la%20amistad.htm. 2002.

122. Samuell Samé, Yordi: *Conducta agresiva y amistad en adolescente.* Trabajo grupal. Trabajo de Diploma, Universidad de Oriente, Facultad de Ciencias Sociales, Departamento de Psicología, 2003.

123. Sánchez, Alipio. *Psicología Comunitaria. Bases conceptuales y operativas. Métodos de intervención.* 2da Edición. Promociones y publicaciones universitarias, SA. Barcelona.

124. Santana, Yorkys; Silot, Digno; Del Pilar Soteras, María y Schneider, Barry. *Concepción de amigos: Expectación de la amistad de adolescentes jóvenes en Cuba y Canadá.* Journal Cross-Cultural Psychology. 2001.

125. Santana, Yorkys. *Las relaciones de amistad como mediación del autodesarrollo comunitario.* Tesis en Opción al grado de Master en Desarrollo Comunitario. Universidad Central "Martha Abreu" de las Villas. Santa Clara, Cuba. Marzo 2007.

126. Santana, Gonzalez, Yorkys y Pilar Soteras del Toro, María del Pilar. *La potenciación de las relaciones de amistad como una de las alternativas del desarrollo social de los adolescentes cubanos.* http://www.psicologialatina.com 2005.

127. Schneider, Barry; Xinyin, Chen and Doran C. French. *Peer Relationship in Cultural Context* In Cambridge Studies i n Social and Emocional Development Cambridge Universitiy Press, 2006. ISBN 13 978-0-521-84207-5

128. Schneider, Barry and Ada Fonzi. *A cross-cultural exploration of the stability of children's friendship and the predictors of their continuation.* Ed. Blakwell Publisher, Canada, 1997.

129. Schneider, Barry et all. *Relations Cousnseling across Cultures: Cultural Sentsitivity and Beyond.* In Multiculturalism as a fourth force. Editorial in P. Pedersen, Washington D.C. 1999.

130. Schneider, Barry H. *Didactic methods for enhancing children's peer relations: a quantitative review.* In Clinical Psychology Review, Vol 12, pp.363-382. 1992.

131. Schneider, Barry H; Soteras del Toro, María del Pilar; Woodburn, Sharon and Santana González, Yorkys. *Competing for different rehaznos: A cross-cultural study of the goals adn beheavior of early adolescents.* En Revista Santiago, No.101, Septiembre-Diciembre, 2003.

132. Scourfield, J., John, B., Martin, N., & McGuffin, P. *The development of prosocial behavior in children and adolescents: a twin study.* Journal of Child Psychology and Psychiatry, 45, 927-935. 2004.

133. Scribano, Adrián. *La investigación social en América Latina. Un análisis en base a la experiencia del Congreso de ALAS 1999.* Revista Cinta de Moebio No. 9 de Noviembre 2000. Facultad de Ciencias Sociales. Universidad de Chile.

134. Selman, R. L. *The child as a friendship philosopher.* En S.R. Asher y J.M. Gottman (Eds.). The Development of Friendships. New York: Cambridge University Press. 1981.

135. Serrano García, Irma; Rivera Medina, E. *El desarrollo de la Psicología de la Comunidad en América Latina.* Editorial Universidad de Guadalajara. 1990.

136. Sharabany, Ruth. *Intimacy in Preadolescence and Adolescence: Issues in Linking Parents and Peers, Theory, Culture and Finding.* K.Kerns (Ed) In Family and Peers: Linking Social Worlds. Westpost Conecticut. 2000.

137. Sierra Bravo, R. *Amistad.* En: http://www.canalsocial.net/GER/ficha_GER.asp?id=11701&cat=sociologia. 1997.

138. Siches, L. Recaséns *Tratado General de Sociología,* 5 ed., México 1963.

139. Simmel George. *El secreto y las relaciones sociales.* En Teorías Sociológicas Clásicas de George Ritzer. Editorial Mc Graw Hill. Madrid, España. 2001.

140. Simpsom, H. *The rules in groups of adolescents.* K.Kerns (Ed) In Family and Peers: Linking Social Worlds. Westpost Conecticut. 2000.

141. Singh-Manoux, A. *Culture and gender issues in adolescence: evidence from studies on emotion.* Psicothema, 12, supl. 1, 93-100. 2000.

142. Smith, H. *The friendship in adolescents.* En internet. (Biblioteca Boston. EUA). 1995.

143. Stacey J. Oliker, *"Gender and Friendship," in* Gender Mosaics. Ed. Dana Vannoy, Los Angeles: Roxbury Press, 2001.

144. Steinber, L. D., and Silverberg, S. B. *The Vicissitudes of Autonomy in Early Adolescence.* Child Development, #57, 487-521. (Cap 13). 1986.

145. Stevens, de la Cruz Lilia. *Las representaciones sociales de la vida sexual del hombre y la mujer cubana.* Tesis en Opción al Grado de Licenciatura en Psicología. Universidad de Oriente. Santiago de Cuba. Cuba. 1996.

146.    Sobral, J., Romero, E., Luengo, A., & Marzoa, J. *Personalidad y conducta antisocial: amplificadores individuales de los efectos contextuales*. Psicothema, 12, 661-670. 2000.

147. Soteras del Toro, Barry Schneider y Sharon Woodburn: *Competencia y relaciones de amistad entre adolescentes cubanos*. Revista Santiago, No. 101, Edición Especial, 2003.

148. Soteras Del Toro, María; Schneider, Barry. H y Woodburn, Sharon. *Competencia y Relaciones de Amistad entre Adolescentes Cubanos*. En Journal Across-Cultural Psychology, 2003.

149. Soteras del Toro, María del Pilar, et al. *Amistad Vs Agresividad en adolescentes*. Congreso ADOLECA, 2005. ISSN. 954-7164-81-7.

150. Tooby, J., & Cosmides, L. *Friendship and the Banker's Paradox: Other pathways to the evolution of adaptations for altruism*. Proceedings of the British Academy, 88, 1996.

151. Tovar Valdes, María. *Psicología de las Comunidades*. Universidad de la Habana.1994.

152. Tovar Valdes, María. *Psicología Social Comunitaria. Una alternativa teórica metodológica para su abordaje desde la subjetividad*. Tesis de Doctorado, Facultad de Psicología. Universidad de La Habana. 1994.

153. Ueno, K and Rebecca G. Adams. "Adult Friendship: A Decade Review." *In Close Relationships*, edited by Pat Noller and Judy Feeney. Psychology Press, 2005.

154. Urrego, I. et al. *Aprendizaje Colaborativo y Cooperativo*. Documento de trabajo interno al Proyecto Conexiones. 2000.

155. Valle, Hector. *Hannah Arendt, la dimensión de la amistad*. En http://valis.cafeconietzsche.com.ar/index.php. 2003.

156. Valsiner, J, y Van Der Veer, R. *On the Social Nature of Human Cognition: An Análisis of the share intellectual root of George Herbert Mead and Lev Vygotski*. Journal for the Theory of Social Behavior, 18. 1998.

157. Vasallo, N. *La Psicología Comunitaria en Cuba*. En Vasallo, N. e Ibarra, L. (2000) *Selección de Lecturas sobre Psicología Social Comunitaria*. (pp 71 - 73) Ciudad de La Habana: Servigraf. 2000.

158. Vargas, Sánchez Tomas. La labor comunitaria como factor *esencial en la coordinación de la vida cotidiana*. Conferencia Impartida en la Universidad de Camagüey, Marzo 2004.

159. Vázquez de Prada. *Estudios sobre la amistad*. Ed Mayor. Madrid 1956.

160. Vergel Expósito, Ammi Elim. *La influencia de la amistad en la formación de cualidades morales en escolares de 9 a 10 años.*

Tesis en opción al grado de Licenciada en Psicología. Universidad Central "Martha Abreu" de las Villas. Junio, 2005.

161. Vygotski, L.S. Prólogo a la versión rusa del libro de E. Thordike *«Principios de Enseñanza basadas en la Psicología»*. En L.S. Vygotski, Obras Escogidas, Vol I. Madrid: Visor. 1926.

162. WINSTEAD, B.A. *«Sex differences in same-sex friendships»*. En DERLEGA, V.J.;WINSTEAD, B.A. 1986. (ed.). *Friendships and social Interaction*. Nueva York: Springer-Verlag, p. 81-99.242 Papers 56, 1998.

163. Zúñiga, M. *Del Constructivismo al Construccionismo*. Referencia virtual en http://www.mep.go.cr/educacion/constructivismo.asp 1994.